DAS TREVAS à Luz

Letra Espírita

1ª Edição – Abril/2024

A editora Letra Espírita mantém o Grupo Espírita Yvonne
do Amaral Pereira em Campos dos Goytacazes/RJ.

Capa e Diagramação: Maryana Ahlert

Revisão: Luiz Orlando de Oliveira Filho e Daniela Ferro Torres

Coordenação Editorial: Murilo Viana

Imagens da Capa & Ilustrações: Freepik.com | Freepik | roverto | milano83 | svstudioart/ Pexels.com | Rahul Pandit | Merlin Lightpainting | Ekaterina Belinskaya / AdobeStock.com | n_eri | Johannes |

Títulos: Bali Sunrise Script; Six Caps
Texto: Book Antiqua

Impresso no Brasil

Contato e pedidos:

vendas@letraespirita.com.br
(22) 2738-0184

Dados Internacionais de Catalogação na Publicação (CIP)
(Câmara Brasileira do Livro, SP, Brasil)

Gonçalves, Priscila
Das trevas à luz / Priscila Gonçalves. -- Campos dos Goytacazes, RJ : Letra Espírita, 2024.

ISBN 978-65-88535-73-8

1. Espiritismo 2. Mediunidade 3. Reencarnação I. Título.

24-193416 CDD-133.9

Índices para catálogo sistemático:

1. Espiritismo 133.9

Eliane de Freitas Leite - Bibliotecária - CRB 8/8415

PRISCILA GONÇALVES

DAS TREVAS à Luz

Campos dos Goytacazes - 2024

Sumário

Agradecimentos

Agradeço primeiramente a Jesus, pois, em Sua seara, encontrei alguns dos meus propósitos nesta Terra de provas e expiações. Aos amigos encarnados, em especial, Emanuella Lisboa, Luzia Lisboa, Rafaela Paes, Murilo Viana, Jackeline Furuuti, Juliana Procópio, Andreza Duarte e Karla Regina Costa, pessoas ímpares de cujas vidas tenho o prazer de fazer parte. Aos amigos desencarnados, em especial, Beatriz e Daniel. Um dia nos reencontraremos.

Dedicatória

Dedico esta obra a todos aqueles que, de alguma forma, foram proibidos, tolhidos ou cerceados de expressar e doar seu amor a outrem.

Introdução

Ninguém neste mundo pode ter o controle de nossas vidas nas mãos. Somos responsáveis pelas consequências dos nossos atos, ideia que deve ser reforçada e na qual nosso comportamento deve sempre se basear.

Cremos às vezes tão firmemente que todas as forças externas estão contra nós, que nos colocamos em situações deveras maleficentes, só nos dando conta do que ocorreu quando o arrependimento nos atinge sobremaneira. Assim, não nos resta outra escolha a não ser nos redimir e ao menos tentar consertar quaisquer estragos ocorridos, seja em nossa vida ou na de outrem. Aceitar que a colheita veio sobre o que plantamos, e não existe outro jeito de lidar com isso.

Amar principalmente quem somos em essência nos faz compreender que podemos amar outras pessoas, sem segundas, terceiras ou quartas intenções, depositando o nosso maior tesouro, que é o nosso amor incondicional, em situações que podemos ou não receber de volta, mas com a consciência de que fizemos o que era certo.

CAPÍTULO I

Jaula

— Onde estou? – exclamou Heloísa ao acordar, surpresa com o ambiente em que estava.

— Qual é, gatinha?

Heloísa olhou para cima e à sua frente encontrava-se um homem alto, careca, com roupas de couro. Em uma das mãos segurava um cigarro, que tragava vagarosamente e soltava a fumaça para o alto; na outra mão, uma garrafa preta cujo líquido Heloísa não conseguiu identificar.

— Quem é você? – perguntou Heloísa.

— Me chamo Luís. Mas é muito "almofadinha". Todos aqui me chamam de Luisão. Bem-vinda, Helô. – E soltou uma gargalhada alta e carregada de deboche.

— Como você sabe meu nome? Onde estou? Que lugar é esse onde caem cinzas do céu? – indagou Heloísa, sentindo uma forte dor na cabeça.

Luís olhou para os lados, em seguida para Heloísa, e disse, irônico:

— Ih! Ah, lá! Mais uma que não sabe que bateu as botas! - Gargalhou novamente.

Em um outro ponto Maria acordou um pouco tonta, sem saber o que havia se passado na noite anterior. Tentou em vão descobrir onde estava. Sentia muitas dores no corpo e muito frio. Não se recordava de ter estado em um local tão frio. As vistas ainda embaçadas, tinha sede também, e pôde ver que escorria um líquido espesso do seu pescoço. Um líquido quente. Ao esfregar os olhos, soltou um grito quando viu que todo o seu corpo estava coberto de larvas e moscas, e rapidamente sentiu um cheiro podre.

— Meu Deus! O que é isso?! Socorro! Por favor, alguém me ajude! Eu quero sair daqui! Alguém me ouve?! - Sua voz estava em total desespero, e gritava aos prantos.

Uma brilhante luz surgiu na sua frente. Uma senhora de cabelos grisalhos e com vestido branco esvoaçante se destacava no meio das trevas. Ela fez sinal com a mão, chamando a moça para perto.

— Vó?! É a senhora?! - indagou Maria.

— Venha comigo, meu lírio. Você já passou tempo demais aqui.

Maria segurou a mão de sua amada avó e as duas partiram. Rapidamente chegaram ao Hospital Espiritual Maria de Nazaré.

— Como ela está? - indagou Felício.

— As larvas já foram removidas, ela tomou um longo banho, e fizemos curativos nas feridas maiores e mais profundas. Principalmente a ferida do golpe. Ela agora está dormindo, e os médicos recomendaram que permaneça assim por mais alguns dias, para que não sinta tanta dor quando estiver acordada.

— Rosa, você sabe que não poderá ficar aqui por muito mais tempo, não é? Só lhe foi permitido resgatar Maria, pois o único sentimento intacto que permaneceu foi o amor que ela nutre por você. Você foi a única que conseguiu trazê-la para cá.

— Estou ciente, meu amigo - respondeu Rosa. — E agradeço a chance de ter podido resgatar minha neta. Tanto tempo vivendo o *looping* nas garras malignas de Luís, eu não conseguia mais aguentar vê-la sofrendo daquela forma. Me segurei muito para não baixar minha vibração. Agora fico mais tranquila ao saber que ela está sendo assistida. Quando chegar o momento eu retorno.

— Você pode ficar mais um pouco e acompanhá-la enquanto isso. Estamos mesmo precisando de uma ajuda extra no tratamento intensivo.[1]

Rosa agradeceu ao amigo Felício, retornando à ATI.

Heloísa e Luís caminhavam pelo lugar tão calmamente que mais parecia que estavam em um jardim florido e de ar puro. Ao longe ouvia-se música alta, como se houvesse uma festa. Vários Espíritos passavam por eles e estranhavam a figura de Heloísa. De pele alva e cabelos claros, com um vestido estampado de flores, em um lugar onde o preto era a cor predominante. E cinzas caíam do alto. Ela se sentia confortável ao lado do homem, e compartilhavam os cigarros e a garrafa preta com *whisky*, sua bebida preferida.

— Então você está dizendo que eu morri? Sério? Como? - perguntou Heloísa.

---

1 Nota do Autor Espiritual: O Hospital Espiritual Maria de Nazaré conta com uma ala de tratamento intensivo, muito semelhante aos CTIs dos hospitais terrenos. Nesta obra trataremos como *ATI (Ala de Tratamento Intensivo).*

— Como todo mundo morre. Mas no seu caso foi mais pesado – respondeu Luís.

— Pesado?

— É, cara! Você acha pouco levar uma machadada na cabeça? – disse Luís, com uma falsa cara de espanto.

— O quê? Quem fez essa atrocidade comigo? – perguntou Heloísa passando a mão na cabeça, na tentativa de sentir o ferimento.

— O irmão da sua namoradinha lá!

— E como você sabe disso tudo, Luís?

— Fui eu que encomendei a morte das duas!

Neste instante Luís empurrou Heloísa em algo que parecia ser uma armadilha, e quatro grades grossas de vários metros de altura se fecharam ao redor dela, deixando-a presa em um espaço minúsculo.

— Sabe, Helô? Eu esperei séculos por este momento de glória! E agora eu vou me vingar. Principalmente de você! Você destruiu minha vida e minhas chances, e eu vou fazer o mesmo com você.

Em poucos instantes, Heloísa sentiu um líquido espesso escorrendo da nuca em direção às costas, e quando viu era sangue. A ferida que causou seu desencarne não parava de sangrar, e larvas foram aparecendo no seu corpo. Ela sentiu uma pancada na cabeça e desmaiou.

CAPÍTULO II

Reencontro

Rosa e Felício conversavam no jardim da sede do Hospital. Era um grande Complexo Hospitalar, com trinta prédios, sendo um deles bem ao centro, de onde partiam todas as demandas de resgate nos Planos Inferiores. Todo o complexo possuía jardins tão belos, que é inviável para as palavras humanas definirem tamanha beleza. O jardim bem à frente da sede era o mais bonito, o mais florido, e recebia luz solar em abundância, o que auxiliava muito na cura dos pacientes. De lá, conseguiam ver a paisagem abaixo, pois o complexo se localizava nas proximidades da cidade do Rio de Janeiro.

— Meu amigo - disse Rosa com um semblante preocupado. — Estou receosa por Heloísa; estive em pensamento por lá hoje, a sua situação não é das melhores. Luís faz com ela o mesmo que fez com minha neta. A pobre está enjaulada feito um animal de zoológico!

— Minha querida – respondeu Felício -, a moça não pediu socorro. E não é que sejamos maus, mas não podemos trazê-la para cá à força.

— Sim, Felício... compreendo - respondeu consternada, mas ainda um pouco revoltada com a situação. E continuou — Maria se recupera bem. Ela já caminha sozinha, sabe que desencarnou e está em outro Plano. Às vezes pergunta como e quando aconteceu, pois ela não se lembra. Só sabe que ficou presa por muitos anos no Umbral, e me pergunta todos os dias sobre Heloísa. Você acha que é um bom momento?

— Ela aceitou bem o fato de saber que seu corpo físico está sem vida? Ela era muito apegada à aparência - questionou Felício.

— Sim... nós conversamos bastante sobre o assunto...

— Bem... então... não vejo problema, mas não fale sobre sua morte, fale apenas sobre a situação de Heloísa. Elas tiveram um amor puro... por muitos e muitos séculos.

— Oi, vó! A "bença" - disse Maria, chegando ao jardim com uma feição alegre e sem tantos curativos pelo corpo.

— Jesus a abençoe, meu lírio! Dormiu bem?

— Nossa! E como! A cama aqui é tão confortável,

que parece que estou deitada em uma nuvem!

Felício e Rosa se entreolharam, e deram um sorriso, achando graça na fala da moça.

— Você já tomou o seu desjejum, Maria? - perguntou Felício mostrando sincero cuidado com a moça.

— Sim... estava delicioso... uma fartura de frutas, sucos... hummmmm.

— É... os cozinheiros daqui capricham.

— Felício, me diz uma coisa? Eu sei que morri e que estou em outro lugar, e aqui só tem Espíritos... mas... por que as coisas aqui são tão parecidas com a Terra?

— Maria, aqui é um grande Complexo Hospitalar que recebe Espíritos que desencarnaram de forma bruta e violenta, ou como você, que não se lembra nada do que ocorreu. Para não causar espanto nos pacientes, temos o cuidado de reproduzir uma atmosfera semelhante à da Terra, para que eles se acostumem primeiro, criem confiança e não baixem a vibração. Na verdade, a Terra é que reproduz muito do que existe no Plano Espiritual.

— Eita! Sério? Que maneiro!

— Seríssimo, minha jovem; mas isso é papo para

um outro momento, pois agora vou deixá-las a sós para conversarem. Até logo, belas damas. - Felício não havia perdido o ar de conquistador, mas dessa vez o fazia para trazer um pouco de humor e leveza à sua fala.

Eles se despediram e Maria e Rosa começaram o diálogo difícil.

— Meu lírio, quero falar com você sobre Helô.

Maria olhou atentamente para a avó, mas por algum motivo não temeu o que ouviria a seguir.

— Querida, vou lembrá-la da sua história, ou pelo menos de um minúsculo pedaço dela. Depois de sua morte, você passou muitos anos presa no Umbral. Um homem que muito lhe fez mal manteve-a enjaulada, agredindo-a violentamente, e quando você acordava ele repetia toda a cena, dando-lhe boas-vindas à sua "casa", apresentando-se e oferecendo-lhe cigarros e *whisky*, que você aceitava com prazer. E, logo em seguida, agredia-a novamente e a aprisionava. Isto é um *looping* de tortura. Acontece que por algum tempo ele se distraiu e você acordou, imediatamente pediu por socorro, e eu fui socorrê-la. Mas agora ele encontrou Heloísa, e está fazendo o mesmo com ela.

— Vó... espera... a senhora está dizendo que a Helô também morreu?

— Sim, Maria...vocês duas morreram juntas.

— Como? Eu quero saber!

— No momento certo você saberá.

— Mas, vó...

— Querida, escute bem. Você sabe que pode nos ajudar a resgatá-la?

— Não! Como?

— Maria, lá você clamou por mim, só não se lembra.

— Certo... mas como eu posso ajudar?

— Você vai pensar nela e chamá-la. Mas não apenas chamar, vai sentir todo o amor que tem por ela, e de lá ela a ouvirá, assim como eu chamei por você e você me ouviu.

— Vó, por que não podemos simplesmente ir lá e trazê-la de volta?

— Porque isso seria interferir no livre-arbítrio, filha... Não podemos fazer isso. Assim como você, ela também se sente confortável com Luís, bebe e fuma com ele. Os dois têm afinidade.

— Que horror! - Maria sentiu arrepios ao lembrar da figura assombrosa e grosseira de Luís, e mais ainda ao imaginar que Heloísa poderia ter afinidade com "aquilo".

— Foi assim que a resgatei. Chamei por você. Você me ouviu e sentiu, clamando por socorro. Esta é a nossa esperança para tirar a Helô daquele poço.

Assim, começaram um longo trabalho para atrair a atenção de Heloísa. Foram passando os dias e Maria ficava frustrada por não ter nenhuma resposta. Era como se Heloísa tivesse esquecido do amor por Maria.

Mas um amor de tantos séculos, que venceu tantas coisas e tantas mortes, não é apagado facilmente e, muito em breve, elas se veriam unidas novamente.

CAPÍTULO III

Sonho

Mais algumas semanas se passaram e Heloísa continuava presa em uma jaula, como um animal acuado. Luís, desta vez, estava sendo muito mais severo do que tinha sido com Maria. Ele a acordava, se apresentava, fazia com que ela se sentisse confortável e a agredia novamente e com maior frequência, duas, três vezes em um único dia. Os outros habitantes daquele Plano já estavam acostumados com a tirania do homem e não ousavam questioná-lo, pois ele tinha seus "motivos".

Enquanto isso, no Hospital Espiritual, Maria se esforçava cada vez mais para atrair a atenção de Heloísa, todos os dias, sem muito sucesso.

— Meu lírio, precisamos conversar - chamou dona Rosa, calmamente, porém, interrompendo o momento de meditação de Maria.

— Diga, vó... - respondeu ela, suspirando.

— Maria, daqui a dois ou três dias eu terei que partir.

— Para onde?

— Vou reencarnar na Terra, minha neta.

— Mas já? Tão rápido! A senhora não pode me deixar aqui sozinha. - Sua voz adquiriu um tom de revolta.

— Querida, não baixe sua vibração com isso. Venha, vou lhe explicar.

Elas saíram pelo jardim do Hospital e começaram a conversar.

— Meu lírio, minha reencarnação já está programada faz algum tempo, e eu pedi que fosse adiada para que pudesse auxiliá-la por aqui. No entanto, você consegue se virar bem sozinha, fez boas amizades e Felício estará aqui ainda por um bom tempo para ajudá-la no que você precisar. Mas agora já está chegando o tempo do meu retorno. Você não vai ficar sozinha, isso eu lhe garanto! Pelo contrário, sempre estará em boas companhias. E quanto ao resgate de Helô, vou apresentá-la a um grande amigo que vai ajudá-la nesta missão, com toda certeza. Ele é mestre em disfarces nestes lugares mais obscuros e já participou de muitas missões de resgate em lugares bem piores.

— E para onde a senhora vai, vó? Para qual família?

— Para a nossa!

— Nossa? Quem está grávida?

— Ainda não está, mas falta pouco, por isso preciso me preparar.

— Quem? - perguntou Maria, sempre muito curiosa com os assuntos sobre reencarnação.

— Sua prima, Micaela.

— Ah... a Mica... - falou com um tom de desdém.

Sim, meu lírio, a Mica.

— Mas vocês nunca se deram bem, ela nunca gostou muito da senhora. Por que voltar justamente como filha dela?

— Por isso mesmo. Temos algumas contas para ajustar por nossos desafetos e, bem, você conhece o gênio da sua prima e já pode imaginar que será uma reencarnação desafiadora, não é? - falou baixinho, sorrindo.

— Sim, vó... eu entendo. E onde está seu amigo?

— Veja! Logo ali. - Dona Rosa apontou para um homem alto, de pele dourada e olhos expressivos que caminhava em direção a elas. — Aquele é Bruno. Não se engane por seu rosto delicado, ele consegue fazer cara de mau melhor que o Luís, aposto.

— Nossa! Como ele é grande! - espantou-se Maria com a altura do homem.

— Vó! A "bença" - disse Bruno alegremente, beijando as mãos de dona Rosa, em sinal de reverência.

— Jesus o abençoe, meu filho. Como você está? Esta é minha neta de que lhe falei, Maria Roberta.

— Não me chame pelo meu nome todo, vó! A senhora sabe que não gosto.

Eles riram e iniciaram uma conversa amigável. Rosa explicou ao homem as questões que envolviam o resgate de Heloísa, ainda presa no Plano Inferior, pois também se afinava com a energia que exalava do lugar e com o que Luís lhe oferecia. Ele compreendeu, pois não era a primeira vez que saía do Hospital para resgatar Espíritos Sofredores em outros Planos. Rosa reconhecia o valor dele, o valor do seu trabalho, e sabia da sua capacidade de se camuflar em ambientes hostis, sem sequer baixar sua vibração para seguir com a tarefa. Maria ouvia a conversa e notou que sentia-se muito segura, confortada e em paz na presença de Bruno, só não entendia o porquê dos sentimentos.

Alguns dias se passaram e Rosa e Maria reuniram-se

pela última vez no jardim do Hospital. Elas despediram-se ali, com um longo abraço entre avó e neta que tanto se amavam. Bruno e Felício estavam presentes, e Felício logo chamou por Rosa, sinalizando que estava na hora. Ela se afastou de Maria, que estava com lágrimas nos olhos, e disse:

— Não é um adeus, meu lírio, é só um até breve.

Bruno e Maria conversavam calmamente, e ela perguntou de onde eles se conheciam, pois ela até então estava triste pela partida da avó, mas na companhia dele a paz voltava aos poucos.

— Maria, nos conhecemos há muitos e muitos séculos, e nossa história é bem longa, mas, no momento, temos que concentrar nossas forças para ajudar Helô. Eu também passei pelo *looping* que Luís proporciona aos seus visitantes, sei que não é agradável, então sei exatamente o que Helô está passando por lá e o que você também passou. Vamos nos concentrar nisso? Quando chegar o momento, nós conversamos melhor sobre nos conhecermos.

— Tudo bem - concordou Maria, sem ter muito mais o que falar.

Naquela noite, ao dormir, ela sonhou com Helô pedindo socorro, gritando por ela, e acordou assustada e chorando copiosamente. Regiane, uma jovem que dividia o alojamento com ela, veio ao seu encontro e perguntou:

— Maria! O que houve? Tome aqui esta água e acalme-se!

— Ela! Ela estava me pedindo socorro, ela está toda machucada! O que aquele monstro fez com ela?

— Acalme-se! A esta hora, Bruno já deve estar em missão. Chegou o momento.

CAPÍTULO IV

Resgate

— Olhem só quem chegou! O príncipe encantado no cavalo branco! Que prazer vê-lo novamente, Bruninho - Luís disse com a voz irritada, grunhindo de raiva devido à presença do rival.

— Ela chamou, eu vim buscá-la! - respondeu Bruno calmamente, tendo à sua volta um grande círculo de luz branca. Além disso, havia outros Espíritos, armados com escudos, que estavam ali para proteção.

— Ela não sai daqui nem sob tortura! - Luís gargalhou infernalmente. — Bom, sob tortura ela já está... e está gostando...

— Me tira daqui! - gritou Heloísa dentro de uma jaula.

— Cala a boca! Daqui você não sai!

— É melhor você entregá-la por bem, ou já sabe para onde vai.

Neste instante, o olhar de Luís perdeu o brilho da raiva e do ódio, pois já estava passando dos limites; daquele ponto para uma prisão com seus piores inimigos não demoraria para acontecer.

Espertamente, outros Espíritos ali estavam distraindo os habitantes do local. Aproveitando-se disso, outros que estavam camuflados no ambiente abriram a jaula onde Heloísa estava acuada e com medo. Porém, ao ver aqueles Seres, sentiu que se tratava de Espíritos da Luz que estavam ali para resgatá-la, e não para feri-la ainda mais. A jaula foi aberta rapidamente e todos saíram daquele lugar fétido. Luís nada pôde fazer, enquanto berrava que os outros eram incompetentes, burros e que não deviam deixar que Heloísa, seu maior trunfo, escapasse dali.

— Bruno, Bruno! Ela está aqui? Onde? Quero vê-la agora! - disse Maria, chegando à ATI do Hospital afobada e ofegante.

— Psiu! Ei, mocinha! Calma! Daqui a pouco você poderá vê-la, mas agora ela está dormindo, e chegou aqui pior que você. Ela não tem condições de receber visitas agora, está com muitas feridas no corpo e precisa descansar o máximo que puder. Quando o Felício liberar, você volta. Enquanto isso, vá ajudar Regiane nos afazeres da cozinha.

— Nossa, como você é mandão! - disse Maria um pouco revoltada por não poder visitar Heloísa.

— Não sou não, estou sendo realista. Você disse que a ama, não é? Então, respeite o tempo de descanso que ela precisa. Foi uma noite difícil para todos que desceram até lá e encararam "aquele" ser. Acredite, você não vai querer vê-la agora.

No quarto do Hospital, Felício analisava e limpava cuidadosamente todas as feridas de Heloísa, até mesmo a ferida do golpe, maior e mais profunda.

— Ah, Deus! Essas meninas passaram terror e pesadelo tanto na Terra quanto no Umbral.

— Quando você pretende contar a elas o que aconteceu? - perguntou Zélia, a ajudante de Felício.

— Quando as duas estiverem estabilizadas. E na Terra? Notícias?

— O julgamento começa hoje. Foi um crime que abalou o Brasil todo. A egrégora por lá está muito densa. Chamam-no de nomes que aqui são inomináveis.

— É a justiça e a raiva terrena juntas, Zélia. Mas vamos nos ater aos cuidados de Heloísa e à estabilização de Maria. Elas vão querer saber de tudo, e nós já recebemos autorização para contar o que houve, não devemos manter segredo. Mas no momento certo.

— Sim, Felício.

— Vá buscar mais alguns remédios e curativos por favor, Zélia.

— Claro.

— Maria, você está melhor? - perguntou Regiane.

— Agora estou. Helô foi resgatada com sucesso.

— Eu soube disso. Que notícia boa! Agora é esperar a recuperação dela. Ela é uma moça forte, como você, rapidinho ela se restabelece e aí vocês poderão matar a saudade.

— Aqui vocês aceitam isso?

— Isso o quê?

— Bom, Helô e eu... nós namorávamos. A única coisa que sei é que morremos juntas, mas, não sei de que forma, nem quando.

— Você quer saber se aqui vocês duas podem ser namoradas, é isso? - perguntou Regiane olhando carinhosamente para a nova amiga.

— É. Não dizem que Deus criou o homem e a mulher e que homossexualidade é pecado?

— Maria, pecado não existe. O que existe são ações e reações, escolhas e consequências. E o amor... bem... até onde me consta não é errado amar, e vocês se amam...

— Eu sempre achei que era pecado. Meu irmão vivia repetindo isso; meu pai também.

— Maria, a visão limitada da carne não permite ver que o amor vai muito além de convenções sociais, de tradições e dos conceitos de certo e errado que na Terra existem aos montes.

— Então, quando ela melhorar, a gente pode sair de mãos dadas aqui, se abraçar?

— Claro! Não há mal algum nisso!

Maria sorriu e da sua última experiência terrena só tinha alguns *flashes* de memória. Logo sua cabeça começava a doer e as lembranças se esvaíam aos poucos. Ela não sabia de muita coisa, tampouco se lembrava de seus últimos momentos: só se lembrava que amava Heloísa como nunca amou ninguém.

CAPÍTULO V

O pesadelo em Terra

— Começa hoje o julgamento de Fernando Magalhães, o homem que matou a golpes de machado a própria irmã, Maria Roberta Magalhães, e a namorada da jovem, Heloísa de Carvalho, ainda vilipendiando os seus corpos - disse uma repórter para as câmeras de uma emissora de televisão.

Na frente do fórum de São Paulo, dezenas de jornalistas se aglomeravam. Falava-se no crime mais grotesco do ano na cidade. Policiais tentavam conter a multidão enfurecida que gritava palavras de ordem contra o homem e pediam justiça; alguns pediam a morte daquele que seria um monstro.

— Vamos, Fernando. Temos que ir agora - disse Henrique, o advogado de defesa de Fernando.

— Meus pais. Onde estão? - perguntou Fernando, abatido, muito longe de ser o homem forte e musculoso que era meses atrás.

— Já devem estar lá dentro. Temos que ir. Não para de chegar gente e se não formos rápidos, você poderá ser linchado.

— Deveriam linchar aquelas duas, não eu.

— Evite estas falas. Sua situação não é boa e este comportamento pode piorar ainda mais a visão do público. Você é réu confesso, isso já lhe dá alguma vantagem, mas não muita.

— Sônia, você precisa de alguma coisa? - perguntou Roberto, olhando com ar de exaustão para a esposa.

— Gostaria de voltar no tempo e não deixar que nada disso acontecesse aos nossos filhos, Roberto.

— A Maria errou bastante... era errado o que ela fazia e você sabe disso.

— Isso é motivo para o Fernando ter matado ela e a Heloísa? Isso é motivo para ele ter feito coisas tão horríveis com as duas? Onde nós erramos, Roberto? Onde erramos? - respondeu Sônia chorando copiosamente, visivelmente cansada de todo aquele processo.

— Você errou, Sônia. Eu não. Eu fui o melhor pai e eu criei meus filhos nos princípios de Deus. Você deu muita liberdade. Tudo isso é culpa sua também.

Sônia olhou incrédula para o esposo. Era visível que ela era a pessoa que mais sofria e se culpava por tudo que vinha acontecendo na família nos últimos anos. A filha que deixou a religião para namorar a amiga de infância, o filho primogênito que cometeu um duplo homicídio, e todas as agressões verbais, emocionais, psicológicas e físicas que sofria do esposo. Em todos os seus pensamentos, ela rogava a Deus que tivesse misericórdia da alma da filha, que, ao seu ver, havia se desviado do caminho correto, e misericórdia por seu filho, que havia cometido um ato tão violento. De sua própria vida, estava a um passo de desistir.

— Nesta data de 25 de janeiro de 2018, existindo o número legal de jurados, declaro instalada e aberta a Sessão do Tribunal do Júri nesta Comarca, onde será submetido a julgamento o processo penal que a Justiça move contra Fernando Magalhães Silva, sendo vítima Maria Roberta Magalhães Silva. O réu responde pelo artigo 121, §2º, incisos II e IV, constantes do Código Penal deste país, qual sejam, o homicídio duplamente qualificado pelo motivo fútil e o uso de objeto corto-contundente que tornou impossível a defesa da vítima - começou a falar o juiz, dando início ao julgamento de Fernando.

— Incluo também a Sessão do Tribunal do Júri nesta Comarca, onde será submetido a julgamento o processo penal que a Justiça move contra Fernando Magalhães Silva, sendo vítima Heloísa de Carvalho Torres. O réu responde pelo artigo 121, §2º, incisos II e IV, constantes do Código Penal deste país, qual seja, o homicídio duplamente qualificado pelo motivo fútil e o uso de objeto corto-contundente que tornou impossível a defesa da vítima.

O julgamento se estendeu por longas horas, indo até as três da manhã do dia seguinte. Havia uma pressão forte do público, um desejo de que o juiz declarasse pena máxima para Fernando. Do lado de fora do fórum, as pessoas gritavam: "Este monstro tem que apodrecer na cadeia!"

A tensão se instalava cada vez mais com o decorrer das horas. Sônia e Roberto estavam muito aflitos para pensarem em qualquer coisa que não fosse o filho. Os advogados de defesa e acusação trocavam argumentos como quem trocava ofensas, era quase pessoal. O júri, ao ver as fotos de como ficaram os corpos das jovens, ficou aterrorizado, tamanha a violência e a frieza por parte de um jovem de apenas 19 anos. Por vários momentos, o juiz decretou recessos de quinze ou vinte minutos, para que os presentes pudessem se recompor, tal era a bestialidade dos crimes.

Em um canto, Zélia, auxiliando Felício, acompanhava o julgamento, orando pelos pais das jovens, que choravam a todo instante, ainda desacreditados do ocorrido.

— Mestre Jesus, olhai por estas mães que tanto sofrem - clamava ela baixinho no recinto.

Os Amigos Espirituais de Sônia, mãe de Maria, e de Léia, mãe de Heloísa, tentavam a todo momento consolar os corações daquelas senhoras que estavam visivelmente exaustas e descrentes da justiça de Deus.

O que antes era uma antiga e sólida amizade entre as famílias, tornou-se ódio e rancor, provocado por uma brutalidade ímpar.

Em um dos momentos de recesso, Léia, com olhos inchados por passar noites chorando e sem dormir, chegou até Sônia e perguntou:

— O que houve com nossas famílias, Sônia. Por que isso?

Roberto se intrometeu na conversa e disparou:

— Você de novo? Dá-nos paz! Isso é culpa sua, daquela sua filha pervertida e da minha mulher, que foi fraca e covarde e não soube defender a Maria das garras daquela... daquela... É melhor eu me calar, pois já tenho motivos suficientes para perder a razão.

— Roberto, eu também estou sofrendo. Minha filha foi vítima do seu filho. Nossas filhas foram vítimas do seu filho, e mesmo assim você vai ficar de preconceito?

— Não torne a nos dirigir a palavra, Léia. Você não é mais bem-vinda em nossa casa. Adeus.

— Filha, você sabe que eu a amo profundamente. Você é minha única filha, e eu faria de tudo por você - disse Léia sorrindo para Heloísa, alguns meses antes do fatídico dia. — Me conte o que está acontecendo. Pode confiar.

— Mãe, eu e Maria estamos namorando. Mas tem que ser escondido. Se o sr. Roberto souber, ele nos mata! Eu a amo, e não importa o que digam, eu não vou desistir dela por causa do preconceito dos outros!

— Filha, eu sempre soube que você é homossexual. Eu sou sua mãe, e como eu disse, amo-a profundamente. Não concordo que vocês duas namorem escondidas e eu dou todo o meu apoio a vocês.

— Mãe, como faremos então? O sr. Roberto e o Fernando estão de marcação cerrada em cima da gente. Eles, que nunca foram de buscar a Maria no curso, estão indo frequentemente. Cada dia aparece um, e dentro da curso não podemos namorar, a senhora sabe.

— Helô, vocês duas foram criadas juntas, e não vai ser agora que irão se afastar. Como estudam na mesma turma, a Maria pode dizer que virá aqui para fazer trabalhos e estudar. Nós daremos um jeito. Eu não vou proibir o amor de vocês por preconceito alheio. Eu sei bem como foi isso para mim.

— Foi por isso que você se separou do papai?

— Não totalmente, Helô. Nosso casamento estava muito desgastado, ele pouco se esforçava para se reerguer, e eu também já não o amava com tanta profundidade como antes. E reencontrei Isabel, aquela antiga colega de faculdade, e com ela redescobri o amor que eu nem imaginava que fosse possível.

— Então você é bissexual, mãe?

— Sou, filha. Tenho atração por homens e mulheres. É uma pena que Isabel já tenha partido, mas eu sei que um dia vou reencontrá-la. E eu não podia, naquela época, assumir esse amor; então, namorávamos escondidas, como você e Maria. Porém, eu sofri com isso e não vou deixar que você passe o mesmo. Eu vou apoiá-la em tudo.

Léia relembrava todo esse diálogo com a única filha que tanto sofreu para ter. Helô era o seu pedacinho de paraíso na Terra, como ela sempre dizia. E as duas tinham uma amizade que causava inveja em várias amigas de Heloísa. Elas eram muito mais que mãe e filha, se entendiam e se apoiavam, pois sabiam que eram só as duas, uma pela outra. E não era uma relação de peso, cobrança, mas de ajuda mútua, que gerava uma cumplicidade sem igual. E Léia apoiava o namoro da filha, mesmo que todos em volta fossem contra isso. Ela queria ver Heloísa feliz, e, se estar com Maria a deixava feliz, então essa era também a sua felicidade. Neste momento, ela tirou o telefone da bolsa e olhou uma foto das meninas, alegres na piscina de casa em um dia ensolarado. Ela deu um beijo na tela, segurou o telefone contra o peito e disse baixinho:

— Eu sempre vou amá-la, meu pedaço de paraíso. Sempre. - As lágrimas caíram. As lágrimas mais doloridas de sua vida.

CAPÍTULO VI

Veredito

— Você fracassou! - gritou Fernando com Henrique, seu advogado.

— Você sabia que seria condenado, Fernando. Você é réu confesso. Você confessou o que fez e, no depoimento, com riqueza de detalhes, não demonstrou nenhum arrependimento ou remorso. O que você queria? Eu sou advogado, não sou santo milagreiro!

— Ah! Esquece! Eu vou morrer aqui dentro, mas pelo menos fiz justiça.

— Eu não sou nada seu, mas se acredita mesmo que o que fez foi justiça...

— Eu sou um servo de Deus e Ele mandou que eu fizesse justiça. Deus abomina essas bestialidades. Eu sou um servo de Deus, você entendeu? Um servo de Deus!

Fernando gritava enlouquecidamente estas palavras, até que Henrique se irritou e saiu da sala reservada para detentos e advogados no presídio. No caminho até o carro, ele ficou se perguntando o que deu em sua cabeça para defender aquele homem. Dinheiro não precisava, e ele, que era conhecido por ser um advogado renomado em seu meio de atuação, que sempre defendia causas quase impossíveis e saía vencedor das audiências e julgamentos, havia perdido, e sua reputação estava sendo manchada em todos os meios de comunicação.

— Deus... O que eu fiz com a minha carreira? - perguntou-se, passando a mão pelos cabelos espessos.

— Zélia, como foi? - perguntou Felício, referindo-se ao júri.

— Ele foi condenado à pena máxima da justiça dos homens - respondeu Zélia cabisbaixa.

— E por que você está triste, minha amiga?

— Luís. Quando saiu a sentença, eu o vi no tribunal. Ele e seus "amigos" gargalhavam por mais esta vitória. Era tudo que ele queria. E Fernando, no presídio, vem alimentando pensamentos suicidas. Ele foi colocado em uma cela isolada dos outros detentos, porque sua vida corre perigo lá dentro. Estão todos revoltados.

— Era de se esperar que isso acontecesse.

Zélia rapidamente mudou de assunto, pois sentia muito por tudo que estava acontecendo. Em existência pretérita, tanto Luís quanto Fernando haviam sido seus filhos, que sofreram o ódio de um homem, e de Heloísa e Maria Roberta. Zélia carregava o amor de mãe por aquelas duas almas, sentindo fortemente uma tristeza que a abatia de forma desoladora. Mas, não havia mais nada que pudesse fazer, a não ser dar conta de suas tarefas e auxiliar Maria e Heloísa a se recuperarem.

— Vou ver as meninas. Helô já despertou?

— Ainda dorme profundamente. Ela chegou aqui demasiadamente debilitada, e temos que esperar mais algum tempo até sua recuperação completa. Maria já está como era na Terra. Proativa e serelepe, ocupando-se durante todo o dia. Como é prestativa, não é? O que lhe pedem para fazer, ela faz, sem reclamar - disse Felício, sorrindo ao se referir à jovem.

— Estas duas trarão um ar mais alegre ao nosso espaço. Elas são de uma luz... - respondeu Zélia, saindo do ambiente.

— Zélia! Que bom vê-la por aqui! Onde esteve todo esse tempo? - perguntou Maria, sorridente e alegre em ver a amiga que tanto gostava no hospital.

— Maria! - Zélia disfarçou as lágrimas e o semblante triste. - Eu fui fazer uma breve visita à Terra para rever algumas pessoas que precisavam de auxílio. Como você está?

— Foi à Terra? E por que não me chamou? Queria ir! Estou com saudade da minha família, da tia Léia.

— Você ainda não tem permissão, querida. Quando tiver, convido-a com prazer a ir comigo. Mas, por enquanto, é bom que se ocupe das tarefas do Hospital.

— Quero ver Helô... ela... eu... eu soube que ela chegou aqui muito mal...

— Sim... ela não está bem, mas já está recebendo os devidos cuidados dos nossos médicos e enfermeiros. Logo vocês duas poderão passear por esses jardins... Não se preocupe com isso agora. Minha filha, deixe-me dizer uma coisa que aprendi assim que cheguei aqui: o tempo aqui é diferente do tempo de lá. Aqui, as coisas andam calmamente, sem a pressa que a Terra nos impõe. Aqui não temos metas impossíveis de cumprir, não temos prazos absurdos para entregar relatórios, nem nada do tipo. O tempo de Jesus é o tempo do amor, e o tempo do amor é calmo e constante. Entendeu?

Zélia cuidava com amor dos seus companheiros e prestava cuidadosa atenção àqueles que chegavam mais debilitados e que, por um motivo ou outro, possuíam uma ligação especial, como era com Maria.

— Entendi, Zelinha... e não sei por que e nem sei como explicar isso, mas, quando cheguei aqui e a conheci, senti algo parecido com saudade. Por quê?

— Logo você vai entender... lembre-se sem pressa e sem correria. Agora preciso resolver outras questões com Felício. Você gostaria de cuidar dos jardins a partir de agora? As flores e plantas precisam de alguns reparos. Creio que você gostará.

Neste momento, os olhos de Maria brilharam como duas estrelas grandes, e ela agradeceu a Zélia com um abraço bem forte e correu para o trabalho nos jardins. Passava horas e horas cuidando das flores, colhendo algumas para levar aos quartos dos internos para dar um pouco mais de cor e alegria àqueles em recuperação. Maria era verdadeiramente grata por estar ali e se adaptou muito rapidamente ao ritmo do trabalho, às tarefas e aos tarefeiros.

Enquanto isso, na Terra, os pais de Fernando não sabiam mais como se consolar. Roberto julgava Sônia de todas as formas e a maltratava verbal e emocionalmente, pois, na visão dele, tudo aquilo era culpa dela, que havia falhado como mãe. Eles não sabiam ainda que a situação pioraria e muito para a família.

— Bem, meus irmãos. Fica decidido assim então, certo? Iremos convocar o sr. Roberto e a Sônia para que estejam cientes da nossa decisão - afirmou com veracidade e firmeza o sr.Tarcísio, coordenador da congregação que a família de Maria frequentava havia vários anos e onde Roberto havia se tornado pastor.

Roberto e Sônia, depois de muitas semanas sem comparecer à congregação, chegaram ao templo religioso cabisbaixos, mas decididos a retomar a vida, agora sem os dois filhos que lhes faziam companhia toda semana nas reuniões. Sônia sentia-se totalmente incompleta, como se tivessem arrancado um pedaço enorme de seu ser e deixado sangrar sem parar. Já Roberto mantinha uma postura altiva, como se todo aquele cenário não o abatesse nem um pouco.

— Roberto, Sônia, sejam bem-vindos de volta, mas, antes de começarmos a reunião, gostaria de fazer um comunicado a vocês. Podem me acompanhar até a diretoria, por gentileza? - disse Tarcísio, encaminhando-os até uma sala e fechando a porta.

— Bom, vou ser breve, pois, como diz o ditado, melhor arrancar logo o curativo da ferida, não é? - disse ele, olhando para os dois, sem dar tempo para que pudessem responder, ou sequer assimilar a situação. — Devido aos últimos acontecimentos e descobertas envolvendo seus filhos, não é de bom tom que vocês continuem conosco. Sônia tem um papel de relevância junto à nossa comunidade e você, Roberto, como pastor... bom... é um tanto quanto complicado que continue exercendo essa atividade, já que não conseguiu sequer levar Fernando e Maria para um bom caminho, não é? Como pode então orientar tantas pessoas que comungam conosco aqui? Deste modo, os coordenadores decidiram por unanimidade que as atividades que hoje vocês exercem, serão repassadas a outras pessoas, mais responsáveis e centradas, e bem... alguns irmãos não os querem junto deles, nem mesmo nas reuniões. Então, eu os convido a frequentar outra unidade da nossa comunidade, pois aqui não ficará um ar e um clima agradáveis a todos, não é? Era só isso.

O casal ficou tão atônito com a declaração de total falta de apoio aos dois, que não tiveram tempo de assimilar e elaborar uma resposta. Logo foram levados até a porta do templo e gentilmente convidados a se retirar, pois mais e mais pessoas chegavam para a reunião. Sônia ali se viu abandonada até por alguns familiares que frequentavam a comunidade, e Roberto não conseguiu pensar nem agir, apenas de retirou. Foi então que seu telefone tocou, e era um número desconhecido.

— Senhor Roberto Magalhães Silva? - disse uma voz preocupada do outro lado da linha.

— Sim... sou... sou eu... quem gostaria?

— Meu nome é Evandro Paixão, eu sou diretor do presídio onde seu filho, Fernando Magalhães Silva, se encontra.

— Aconteceu algo, senhor Evandro?

— Sim. Infelizmente, tenho dizer más notícias... Fernando se envolveu em uma briga entre detentos na noite passada, furtou a arma de um de nossos agentes e cometeu suicídio. Ele agora está sendo encaminhado para o Instituto Médico Legal, para os devidos procedimentos.

Abandonados pela congregação, pela família e sem os filhos, Roberto teve um mal súbito e desmaiou no meio da calçada. A voz continuou falando ao telefone, enquanto Sônia pedia socorro para o esposo, que, apesar de tantas coisas, ainda amava. Na verdade, não sabia se realmente amava ou se sentia apenas apego por aquele homem.

CAPÍTULO VII

A verdade

Maria Roberta Magalhães Silva tinha apenas 19 anos quando desencarnou. Foi vítima do ódio, intolerância e preconceito do próprio irmão. Era filha de Sônia e Roberto, um casal muitíssimo religioso, que prezava pelas reuniões no templo e em casa, além dos estudos das escrituras sagradas.

Quando Maria tinha apenas 6 anos, ela conheceu Heloísa na escola. As duas logo ficaram amigas, e, tempos depois, seus pais foram apresentados uns aos outros. As festividades na escola e as reuniões na vizinhança, em uma pequena vila em uma região afastada do grande centro urbano, aproximaram as famílias. Logo frequentavam as casas mutuamente, oferecendo fartas refeições em uma grande mesa.

Aos 15 anos, Maria e Heloísa se descobriram homossexuais. Elas não escolheram se apaixonar, apenas se apaixonaram, e o que era uma amizade de quase 10 anos, firme, repleta de cumplicidade e carinho, tornou-se um romance. Elas se reconheciam e se viam como o grande amor da vida uma da outra, um amor puro, incorruptível. Nem uma e nem outra entendia o porquê, mas sabiam que sua conexão transcendia tempo e espaço; conseguiam saber com antecedência quando uma estava triste ou precisando de ajuda. Era mútuo, e o amor, aquele amor, brilhava cada vez mais em seus olhos.

Heloísa era filha de pais mais liberais. Léia e Santiago lutaram muito para criar a moça, que nasceu com complicações cardíacas e precisou passar por um procedimento cirúrgico nos primeiros dias de vida. Esse procedimento impediu várias doenças e permitiu que Heloísa tivesse uma vida saudável. Em casa, assuntos como sexo, drogas, álcool e tantos outros considerados tabus ainda na sociedade moderna, eram tratados de forma normal. Seus pais sempre a orientavam sobre o que implicava cada uma dessas coisas, deixando claro que a responsabilidade pela escolha e sua consequência eram unicamente dela. Heloísa entendia perfeitamente e, para seus 15 anos, era bastante responsável, ao contrário de muitos jovens da sua faixa etária. Mas os experimentos e desejos da juventude às vezes falam mais alto.

Maria era de família muito rígida. Era proibida de tudo, inclusive de namorar. Aliás, namorar nem pensar, só após a maioridade. Seus pais a criaram em uma bolha, e, nesse aspecto, era visível a diferença das duas moças. Por sua vez, Fernando era um rapaz bem firme em seus posicionamentos, muito semelhante a seu pai, a quem venerava e obedecia sem questionar. Maria até tentava perguntar uma ou outra coisa, saber os motivos das proibições, mas logo era reprimida novamente. Ela apenas obedecia e ponto.

Aos 16 anos, Maria e Heloísa foram a uma festa dos jovens do curso. Maria, é claro, foi escondida dos pais. Lá elas resolveram experimentar o que aquele mundo poderia oferecer de interessante. Beberam, usaram alguns tipos de drogas, tiveram uma relação sexual pela primeira vez, e tudo que conseguiam entender era que o amor permanecia e se fortalecia cada vez mais. No entanto, Maria, como era proibida de praticamente tudo, começou a beber e a usar drogas com mais frequência, e Heloísa acabava acompanhando, mesmo ciente das consequências. Elas só queriam aproveitar a vida, como sempre faziam questão de deixar claro para elas mesmas e para os amigos.

Aquele namoro permanecia escondido, proibido. Apenas Léia, a mãe de Heloísa, sabia e até ajudava as duas nos encontros durante a semana, deixando as moças à vontade. Porém, tudo mudou em primeiro de março de 2017. As duas moças foram passear em um parque isolado da cidade, para sentirem a natureza e terem um pouco de paz, distantes dos conflitos. Estavam felizes, pois já eram maiores de idade, poderiam ter um pouco mais de liberdade. Os planos eram vários. Trabalhar, sair de casa, coisas que muitos jovens planejam logo ao atingir a maioridade.

— Má... te amo... é só isso... e que bom que hoje tivemos um pouquinho mais de paz, né? - disse Heloísa deitada no colo de Maria, olhando-a com admiração, como sempre o fazia.

— Helô... temos que conversar... meu pai e meu irmão estão desconfiados de nós, eu acho. Outro dia flagrei meu irmão mexendo nas minhas coisas, mas eu me fiz de boba, esperei-o sair do meu quarto, e logo ele foi falar com meu pai. Mas ele não achou nada. E outro dia tive a impressão de estar sendo seguida enquanto ia para o curso. Não podemos dar mole mais não...

— Eu sei, meu amor... Por isso sugeri que a gente viesse aqui hoje. Seu irmão está trabalhando e seu pai também. Com certeza eles não nos viram saindo.

E deram um longo beijo apaixonado, sem que ninguém as visse ali, isoladas no meio das árvores. Pelo menos elas pensavam que nenhum conhecido as tinha visto juntas.

— Alô! Nando? É a Mica! Cara! Você não vai acreditar nunca! Eu tô chocada! - disse Micaela, a prima de Maria, ao telefone.

— Poxa, Mica! Não me mata do coração não, cara! O que foi? O que está acontecendo?

— Sua irmã! Ela tá aqui no parque perto da casa da tia Lúcia! Vem!

— E o que tem ela estar no parque?

— Beijando a Heloísa, aquela amiguinha nojenta dela. Você acha normal?

Era possível que Micaela ouvisse um suspiro profundo, forte e carregado de ódio partindo de Fernando.

— Deixa que eu resolvo isso. Tchau!

Fernando pegou um machado que usava no trabalho de marceneiro para cortar madeiras mais densas, colocou na mochila sem que ninguém visse, subiu em sua motocicleta e acelerou pelas ruas de São Paulo. Os olhos brilhavam... de raiva...

Entrou na mata vagarosamente, sem fazer qualquer barulho, à procura da irmã e da amiga. Logo as viu, e estavam deitadas juntas, se beijando, ainda vestidas.

— Então é aqui que você vem estudar, Maria Roberta? - disse Fernando já com o machado em mãos.

As moças se levantaram rápido e o medo invadiu seus olhos. Estavam pensando o que ele iria fazer com elas. Sentiam-se apavoradas e era possível ver o terror em seus olhos e respiração.

— Meu pai a criou com tudo, e você... você...

— Nando! Por favor! Não faz nada com a gente! - suplicou Heloísa.

— Cala a boca! - Desferiu um tapa tão forte no rosto de Heloísa que ela caiu no chão.

Maria, apavorada, olhava seu irmão. Ele estava se transfigurando em algo semelhante a um monstro, tamanho o ódio que sentia pela situação.

— Deus há de me perdoar! Deus há de me perdoar!

E golpeou com o machado a cabeça da irmã, que caiu

morta instantaneamente. Heloísa, ainda aterrorizada, sentia que seus pés não conseguiam se mover. Não tinha como gritar, sentia que sua voz havia desaparecido, e virou-se para Maria, chorando copiosamente. Fernando então imediatamente, vendo a fragilidade da moça, desferiu um golpe na nuca de Heloísa, que caiu morta também. Enquanto cometia tamanha atrocidade, ele violou os corpos das jovens, de forma cruel e bestial, quase em estado de transe, como se não fosse ele, mesmo tendo consciência do que fazia. Fernando colocou novamente o machado na mochila e saiu andando, como se nada tivesse acontecido. Ao seu lado, Luís dizia baixinho em seu ouvido: "Muito bem. Até que enfim você fez algo que preste".

Poucas horas depois, a família de Maria acionou a polícia, dizendo que a moça estava desaparecida. Léia sabia a verdade, sabia que elas estavam no parque, mas sentiu que se falasse algo, seria pior. No entanto, sua filha também estava desaparecida, já que nenhuma das duas respondia mensagem de texto ou atendia ligações.

Ao cair da noite, a polícia acionou as famílias dando-lhes a notícia de que os corpos haviam sido encontrados com sinais de violência sexual, com golpes efetuados por um objeto contundente. O horror nas famílias se instalou, e aquele duplo homicídio estampou os noticiários regionais e estaduais, até tomar proporção nacional, comovendo todo o país. O crime não demorou nada a ser solucionado, já que Micaela, a prima de Maria, prestou depoimento voluntariamente e disse que ligou para Fernando minutos antes. O arrependimento havia tomado conta dela. Ela não gostava nem um pouco de Maria, e sabia que Fernando era capaz de algo assim. Quando viu o que aconteceu, sentiu-se extremamente culpada. Logo a polícia chegou até Fernando, que confessou e entregou a arma utilizada. Dali, ele foi para o júri popular, para ser julgado.

CAPÍTULO VIII

Difícil conversa

— E foi assim que vocês chegaram aqui - disse Felício conversando e contando toda a verdade da situação para Heloísa e Maria, que estavam completamente restabelecidas.

— Meu irmão? Sério? Felício, como ele pôde?

— Nós já tivemos essa conversa. Infelizmente a energia dele se afina muito com a de Luís, que manteve vocês duas em cativeiro no Umbral por longo tempo. Eles eram irmãos. Filhos de Zélia, em uma existência bem distante da que estamos, mas esse é um outro assunto, que apenas Zélia poderá contar a vocês, claro, se ela quiser. O que me foi permitido dizer é que, justamente por coisas horrendas que aconteceram, ela quis pessoalmente cuidar de vocês duas ao máximo. Ela ainda sente um pouco de culpa por tudo, mas, acreditem, tem um coração imenso. Não a desprezem, por favor.

— Felício... me diz... - Maria começou a questionar. — Pelo que estou estudando por aqui, para que Fernando e Luís tenham feito coisas tão ruins como você disse, em outros tempos, é porque Helô e eu também fizemos mal a eles, certo? Então é vingança? Olho por olho, dente por dente?

— Não, Maria... não é assim que as coisas funcionam. Todos nós aqui no Hospital, e também em vários mundos habitados, tivemos nossas divergências com nossos irmãos, tivemos desacertos e cometemos muitos erros, alguns gravíssimos contra várias pessoas, mas isso não dá a elas o direito de praticar a vingança. A Terra não é mais um planeta primitivo, mas um planeta de provas e expiações, a caminho da regeneração. Veja bem, seja o que for que tenham feito, nada justifica a violência cometida, e ainda mais uma violência tão fútil e torpe, utilizando o nome de Deus como Fernando fez quando disse "Deus há de me perdoar". Quando a reencarnação acontece em lares onde o desafeto predomina, é porque estes ciclos precisam ser encerrados com dedicação e paciência. Lembro-me muito bem de um momento na Terra em que eu estava lidando com pessoas e situações muito difíceis, e disse: "Deus! Dai-me paciência!"; pois bem, eu esbarrava e convivia cada vez mais com pessoas e situações complexas para trabalhar a minha paciência. Conforme vamos caminhando pelas existências, o nosso Espírito adquire habilidades, conhecimento e inteligência para lidar com as mais diversas circunstâncias, justamente para aprendermos na prática o que muito estudamos, seja aqui, ou mesmo na Terra, ou em outros mundos. A vingança nunca é o caminho, e, acreditem, fazer o que Fernando fez só piora ainda mais a situação dele.

— Fazer o que fez, você quer dizer, nos matar? - perguntou Heloísa.

— Não, Helô... não apenas isso. - E soltou um longo suspiro. — Tivemos notícia há pouco de que ele estava preso, começando a cumprir sua pena de acordo com as leis dos homens, mas, em um motim na prisão, cometeu suicídio.

— O quê? Felício! Jesus! O que será de meus pais, agora? - Maria exclamou, já em lágrimas.

— Maria, neste momento temos uma equipe especializada atendendo seus pais, para que eles não façam nada que seja drástico. Infelizmente sua mãe teve alguns pensamentos suicidas durante o julgamento de Fernando, mas Zélia, que estava lá, interveio em prece e logo alguns amigos trataram de atendê-la e dar um pouco de conforto ao seu coração. Rendemos graças, pois ela abriu o coração para que pudesse ser consolada.

— E meu pai? Como ele está com isso? - perguntou Maria.

— Eu não sei ao certo. Não tive muito mais notícias. Infelizmente não posso lhe falar.

— Quero descer à Terra, agora!

— Maria, não tem permissão ainda. Lembra do que Bruno disse, e Zélia também. Cuide de seus afazeres aqui.

— Por que não? É injusto! Meus pais precisam de mim!

— Maria, sua energia ainda está um pouco desequilibrada. Precisa melhorar um pouco para que possa ir à Terra sem baixar sua vibração. Os campos de energia daqui e de lá são muito diferentes, e essa diferença poderia causar-lhe grandes malefícios. Pense como um fuso horário de países muito distantes. O organismo sente, fica cansado. Com a energia daqui e de lá, funciona mais ou menos da mesma forma. Não se preocupe: existem amigos muito capazes de socorrê-los nesse momento.

— Queria notícias de Micaela. Vó Rosa me disse que reencarnaria como sua filha. O que achei estranho no início, pois as duas nunca se deram bem. Mica detestava o jeito da vó e nunca fez questão da presença dela. Nem no velório ela foi - disse Maria, soltando um suspiro de revolta.

— Tudo que posso dizer no momento é isso. Geralmente não contamos o que houve, como a pessoa desencarnou, e isso é uma regra específica aqui do Hospital. Mas no caso de vocês duas, que, além de chegarem muito debilitadas, têm uma ligação especial com Zélia, foi necessário, sendo aberta uma exceção. Cremos que isso irá ajudá-las mais à frente, nos trabalhos que forem executar.

E continuou, desta vez virando-se para Heloísa.

— Helô, eu sei que você ainda está relativamente confusa com tantas informações. É muita coisa para assimilar, mas logo você vai encontrar uma pessoa que foi muito especial para sua mãe. Quem sabe até lá vocês duas podem visitá-la.

— Pessoa especial, Felício? Quem?

— Isabel.

— Ela está aqui? - perguntou Heloísa, tão surpresa

que seus olhos se arregalaram e brilharam.

— Sim. Ela trabalha em um outro setor. Já está ciente de que você chegou, mas onde ela se encontra há muito trabalho a ser feito. Trabalha em uma ala reservada para crianças cujas vidas foram retiradas de forma bruta. Como já está aqui há muito tempo, ela se ausentou brevemente para visitar sua mãe durante seu funeral. Incrivelmente, sofria muito, mas, no íntimo, estava tranquila, calma, pois sabia que a amou tanto quanto pôde.

— E meu pai? - perguntou Heloísa, com lágrimas já escorrendo pela emoção.

— Seu pai está bem. Está conformado, pois também sabe que, tudo quanto pôde, fez por você. Ele sofre também. Chora sentindo falta de você e de sua mãe quase todos os dias, mas está bem. Não se preocupe também com isso. - Parou por um instante e refletiu. — Ademais, gostaria de fazer um convite às duas. Estamos com bastante trabalho na ala infantil e acredito que vocês duas, como são alegres e sempre divertidas, serão muito úteis na recuperação delas. Vocês gostariam de trabalhar por lá?

— Mas o que vamos fazer, Felício? Não entendemos

nada da enfermaria, nem de Medicina. Até hoje só trabalhei na limpeza, na cozinha e nos jardins - perguntou Maria.

— Maria, Maria... Por aqui nenhuma boa vontade é desperdiçada. Caso aceitem, lá aprenderão a fazer de tudo! E, como bem disse, já que trabalhou nos jardins, podem começar, você e Helô, colhendo algumas flores para alegrar os quartos das crianças.

— Bem... então vamos. Vamos trabalhar! - disse Heloísa levantando-se do chão do jardim e estendendo a mão para a amada. Elas sorriram e saíram para começar o trabalho solicitado.

Zélia se aproximou calmamente de Felício, que estava em um momento de calma e contemplação da vista.

— Você as está ocupando para que não fiquem pensando, não é?

— Oi, minha amiga! Venha! Sente-se ao meu lado - E prosseguiu: — Zélia, essas moças têm muito potencial e acabaram de ser bombardeadas com uma longa lista de informações, o que foi necessário, sabemos. Mas, para que não baixem a vibração nem se metam em encrenca, eu as convidei para trabalhar na ala infantil. Como Bruno está sempre por lá também, e o parque das crianças vive cheio daquela energia contagiante e alegre, dificilmente o pensamento delas será tomado por lembranças sórdidas e tristes. Quando for o momento certo, aí sim, nós as convidaremos para outro local. Vamos levando, um dia de cada vez.

CAPÍTULO IX

Para onde foi minha vida?

— Seja bem-vindo, meu amiguinho! - exclamou Luís.

— Onde é que eu estou? E quem é você? O demônio? - perguntou Fernando, atordoado.

— Não, não! - disse achando graça e sem dar explicações.

— Eu estou no inferno?

— Não, mas aqui é tão feio quanto você imagina que seja o inferno. Bem-vindo. Você deseja algo? Uma dose de *whisky* talvez? Algumas meretrizes para se divertir? - Mais uma vez estava Luís destilando ironia e ódio contra um de seus maiores rivais de séculos.

— Do que você está falando? Eu era um homem bom!

— Aham! Sabemos. Senhor Fernando Magalhães Silva, aqui sua falsa moral não tem lugar. Deixe-me me apresentar: sou Luís e é aqui que você vai morar. E não tente mentir ou se fazer de santinho não, porque eu sei muito bem da sua índole na Terra. Ia à igreja com seus pais todo domingo, de terno bonito e cabelo penteado, mas quando dizia que ia dar comida aos pobres na rua, se arranjava em qualquer bordel de quinta categoria e bebia qualquer coisa que tivesse álcool, mesmo que de procedência duvidosa. - Soltou uma gargalhada alta, continuando:

— Mas, de toda forma eu tenho que lhe agradecer, pois havia algo que eu precisava fazer, mas por um longo tempo, nunca encontrei alguém competente para executar. E isso, você fez com maestria! Acabou com a raça daquelas duas e, de quebra, ainda deu um tiro na própria boca! Você me surpreendeu!

— Eu fiz o quê? - perguntou Fernando, assustado, tentando se levantar do chão que era pura lama e sujeira, e com a mão atrás da cabeça, sentindo uma dor dilacerante.

— Foi exatamente isso que você ouviu. Você usou o nome de Deus para fazer tudo o que fez e ainda se matou. Achou que iria para onde? Para um céu cheio de anjinhos? Você só pode estar de brincadeira, né? - E riu tão alto que Fernando chegou a tapar os ouvidos, tamanho foi o incômodo com aquela gargalhada grotesca.

— Eu acabei com a minha vida... e tudo por causa daquela... daquela...

— Isso! É disso que eu gosto! Do ódio, da ira! Continue assim e seremos ótimos amigos.

— Meus pais? O que houve?

— Sua mãe, eu não sei. Mas seu pai está prestes a vestir o paletó de madeira também. Coitado do velho, não é? Fez de tudo, para no fim ter uma filha pervertida e um filho assassino e suicida. Olha, eu também teria um infarto.

— Infarto? Meu pai?

— Ô, meu amigo! Você não faz ideia do quanto estou me divertindo esses tempos com vocês lá na Terra. Melhor entretenimento do que os malucos que vêm parar aqui depois de terem feito tanta besteira. Venha comigo que eu vou lhe contar tudinho. Desde o início.

Luís e Fernando sentaram-se em um lugar que parecia uma mesa de bar, como os da Terra, pediram algumas bebidas, cigarros e uma comida que tinha cheiro azedo; mas, para eles, cheirava a um manjar dos deuses.

— Vou lhe contar tudo, e só depois você vai fazer perguntas. Odeio quando me interrompem - disse Luís dando um gole em uma caneca grande de bebida.

— Éramos quatro, por volta de mil oitocentos e alguma coisa. Não sou bom de datas. Você e eu éramos irmãos, e nossa mãe era uma velha pobretona que vivia tentando nos jogar para cima de duas moças ricas, pois ela dizia que alguém tinha que nos tirar daquela miséria. Nós éramos dois galãs. Bonitões, grandes e fortes. Era de se esperar que qualquer mulher se apaixonasse. E se apaixonaram. Cora e Eugênia. Duas megeras chatas, mas filhas de um senhor de terras ricaço, cheio da grana! O homem tinha tanto dinheiro que podia comer as notas como salada no almoço se quisesse! A velha pobretona nos jogou pra cima das duas e nos casamos com elas. Mas, elas eram insuportáveis, chatas e mimadas. O velho pai delas não se importou, queria que elas se casassem rápido com qualquer um que aparecesse, só pra tirar as duas de casa. Nem ele aguentava e jogou o problema pra cima do primeiro otário que apareceu. No caso, dois otários. Você e eu.

Fernando seguiu ouvindo atentamente aquela história que parecia absurda, mas, enquanto Luís contava, vários *flashes* iam aparecendo na sua memória. Ali, ele teve a certeza de que não estava ficando louco e que Luís dizia a verdade. Por mais violento que fosse, ele dizia a verdade.

— Pois bem. Eu me casei com Cora e você, com Eugênia. Maria e Heloísa. Por isso você ficava todo animadinho quando olhava para Heloísa e não entendia o porquê. O seu desejo vem de outra época. Acontece que aquelas duas megeras, junto com a pobretona da nossa mãe, armaram pra gente. Elas nos envenenaram e jogaram a culpa no pai delas, outro otário, que acabou enforcado. Nossa mãe, para ficar com o dinheiro, matou as duas logo depois. Séculos se passaram, vocês nasceram de novo e de novo, e várias e várias vezes. Cora e Eugênia consertaram as porcarias que fizeram com a gente, mas eu não consegui me livrar desse ódio mortal por elas. E você, bem... eu descobri depois coisas bem feias que você fez contra mim, só para ficar de namorico com uma moça por quem eu era apaixonado. E aqui estamos. Eu não faço a menor questão de nascer de novo. Só quero me vingar de todos vocês. E consegui. E então? Vamos nos divertir?

Depois de todo aquele discurso, um arrependimento doloroso se abateu no coração de Fernando, pois tudo que ele já tinha feito e não havia se arrependido e consertado nas outras encarnações veio à sua mente. Ele sentiu dores que nem sabia que poderia sentir. Então disse a Luís:

— Não! Não quero ficar aqui, não! Nesse inferno? Nesse lugar fedido e podre? Eu quero ir pra outro lugar! Quero ajuda!

— Não, não! Você acabou de chegar, e ainda não me diverti com você o suficiente. Você fica. Por bem ou por mal, você fica!

E logo subiram grades, semelhantes às das jaulas onde Maria e Heloísa ficaram presas tanto tempo, aprisionando, agora, Fernando. E mais uma vez, o *looping* começava, mas desta vez com outra vítima.

— E foi assim que tudo aconteceu! Por isso me sinto na obrigação de cuidar de vocês com mais atenção. Eu devo muito a vocês duas. Quero me redimir tanto na Terra, quanto aqui - disse Zélia às duas moças, contando a mesma história que Luís contou a Fernando, extremamente arrependida e disposta a qualquer coisa para consertar seus erros.

— Zelinha... - disse Maria, cabisbaixa e tentando processar tantas informações. - Fica difícil acreditar em tudo que você disse, porque eu não consigo enxergá-la fazendo tanta maldade. Mas, que bom que se arrependeu.

— Vocês podem me perdoar, meninas?

— Zélia, já está perdoada. Depois desta história onde éramos Cora e Eugênia, já vivemos tanto e pudemos nos redimir também, ou ao menos tentar. Vamos seguir em frente agora - completou Heloísa emocionada e abraçando Zélia.

— Então vamos trabalhar! Pois o mais importante agora é que, independentemente do que tenhamos feito de nossas vidas, agora devemos nos concentrar em seguir em frente - argumentou Zélia.

As três se levantaram e foram caminhar um pouco pelos jardins do Hospital. Lá era um lugar que lhes trazia calma, sendo capaz de aliviar as tensões acumuladas no Espírito há tantas e tantas vidas, vividas e construídas como castelos de areia. Frágeis, sem destino e sem preocupação.

Maria Roberta, Heloísa e Zélia tinham isso em comum: viveram muitas vidas pensando somente em si mesmas, e o que foi construído por elas baseou-se em puro ego e orgulho. Durante os momentos de reunião entre os internos e tarefeiros na ala de estudos do Complexo Hospitalar, muitas palestras eram pautadas em lições que muitos de nós na Terra conhecemos através do pentateuco de Allan Kardec. O ego, o orgulho, a ganância, a ambição, todos são grandes chagas da Humanidade, sendo falhas capazes de nos induzir a atrocidades quando não conseguimos dominar e controlar esses instintos negativos. Lá elas aprendiam que na Terra, em várias vidas, não é errado procurar trabalhar para dar conforto a si e aos familiares, adquirir uma casa confortável, um automóvel para facilitar a locomoção, e até mesmo viagens prazerosas a lugares lindos e paradisíacos, como existem aos montes por aqui. O maior problema é a ganância de ter tudo do bom e do melhor, o que pode nos levar a atos impensados, prejudicando a muitos irmãos e a nós mesmos. Este é o maior problema de fazer tudo pensando somente no presente, sem mensurar possíveis consequências.

À noite, alguns internos já em processo de recuperação mais avançada, bem como tarefeiros, se reuniram para mais uma palestra na ala de estudos. Desta vez, um Espírito mais adiantado em sua evolução, prestes a reencarnar na Terra em missão em um país muito pobre e carente, veio lhes trazer uma valiosa lição sobre fome e necessidade. Ele estava munido de um exemplar de um livro publicado através de uma editora espírita no Brasil, e leu um trecho da obra para os presentes:

— Amados irmãos, boa noite! - Samuel começou a falar para os amigos. — É uma honra estar aqui hoje com os amigos do Hospital Espiritual Maria de Nazaré. Devido à proximidade da minha encarnação que já está em período de planejamento, e a muitos resgatados que vêm para este Complexo, hoje falaremos um pouco sobre o desperdício de recursos, principalmente por parte dos mais abastados. Este desperdício poderia, facilmente, ser aplicado para o auxílio de muitos irmãos que passam grandes necessidades, alguns recorrendo a restos no lixo para comer. Na Terra, infelizmente, ainda é algo muito comum. E para exemplificar o que a ganância pode fazer, eu trouxe um pequeno trecho do livro *Não Se Escapa das Leis da Vida*, de uma moça encarnada, Rafaela Paes de Campos. Ela faz um trabalho muito bonito em uma editora no estado do Rio de Janeiro e foi muito bem orientada por irmãos para escrever este romance. Portanto, vou ler um pequeno trecho para vocês, e vamos debatê-lo.

Samuel fez uma pequena introdução sobre o conteúdo do livro, para que todos pudessem assimilar do que se tratava a história, e partiu para a leitura:

" – Sr. Carlos, os homens que esperava já chegaram – Carlos apenas olhou para ela com desprezo e deboche, e ela os fez entrar.

– Bom dia, meu amigo Carlos! Há quanto tempo! – disse um dos homens.

– Bom dia! Sim, já faz algum tempo, pois não é sempre que há um desmatamento para se fazer – riu Carlos com ironia.

– Pois bem, vamos lá. O que precisa? Pretende aumentar suas terras?

– Com certeza. Entre as minhas duas fazendas há um lugar sem dono, uma reserva ambiental na verdade, que eu chamo de mato sem utilidade. Quero limpá-la para que possa comprar mais gado e ligar uma fazenda a outra economizando meu tempo de deslocamento, já que o desvio que preciso fazer é enorme, tudo por conta de umas arvorezinhas – disse Carlos com desprezo.

— Eu sei de qual área está falando, mas tem dono, o Estado, não é, meu amigo? A gente vai precisar molhar umas mãos aí para conseguir fazer isso sem dor de cabeça.

— Isso é o de menos. Se vai aumentar meus lucros, acho justo pagar por isso. Por isso os chamei. Sabe que pessoalmente não me envolvo nessas negociações de propina. Assim, preciso que entrem em contato com as pessoas certas e acertem o preço que devo pagar, o que será feito de forma clandestina, claro. Esse dinheiro não pode aparecer.

— Tudo bem, eu sei quem procurar. Não demoraremos a trazer-lhe notícias. Mas agora há mais algo a se preocupar, porque os tais defensores do meio ambiente estão por aqui e o senhor pode ter problemas com eles.

— Ah, mas eu lá me importo com 'ecochato'! Eu não estou nem aí para esse povo que pensa pequeno. Isso nem me preocupa, e fiquem tranquilos. Façam a parte de vocês que, se for preciso, cuido desses ambientalistas hippies.

— Está bem; assim que estiver tudo acertado, eu telefono.

— Perfeitamente, aguardarei. Peço que sejam rápidos, pois eu tenho pressa — finalizou Carlos."

— Como este rapaz, movido pela sua gana de aumentar lucros da sua empresa agiu, não é? Mandou que destruíssem um grande pedaço de mata preservada apenas para aumentar suas terras, pois, na sua visão gananciosa e sem escrúpulos, pouco importa se prejudicará o meio, os animais, as árvores... O que importa mesmo é sua conta bancária transbordando, para que ele continue bancando luxos desnecessários, como foi o exemplo que citei anteriormente ao explicar-lhes a história: mandar um detetive atrás da mulher que ele dizia amar, para vigiá-la – debateu Samuel, ouvindo também atentamente as dúvidas e argumentos dos presentes, e conversando com todos acerca da questão.

E continuou a leitura:

"Uma semana após os fatos narrados, os homens entraram em contato com Carlos para falar sobre o acordo e o valor a ser pago. Era uma quantia bastante salgada, mas Carlos aceitou e, dois dias depois, um dos homens foi ao escritório buscar a maleta de dinheiro que possibilitaria o início do desmatamento. Com muita rapidez, Carlos determinou que incendiassem a área a fim de iniciar a devastação do lugar. Foi um caos, pois era uma área grande. As pessoas que cuidavam das questões ambientais revoltaram-se imensamente, pois, além da biodiversidade da flora local, animais estavam morrendo ou se machucando gravemente por conta do fogo."

— Meus amigos, os internos aqui presentes, principalmente os que estão em uma recuperação mais avançada, têm pouca noção do que acontece na Terra. Há nações inteiras dominadas pela fome, e há outros países fartos e abundantes em recursos naturais e produção industrial de alimentos. As maiores autoridades responsáveis pelos dois polos, ricos e pobres, pouco se importam em garantir que as crianças tenham boa alimentação e bom acesso à educação. Carlos, o personagem da história que vimos, é um homem rico, poderoso, morando em uma cidade pequena, e, provavelmente, carente. Poderia muito bem fazer outro uso deste dinheiro abundante, mas, por seu livre-arbítrio, escolheu usá-lo apenas para atender seus caprichos e para acumular mais e mais, talvez, não tendo tempo de vida suficiente para usufruir de tanta riqueza.

Samuel prosseguiu com o estudo por mais de uma hora, e todos ouviam atentamente os ensinamentos daquele Espírito tão sábio. Mais um dia terminava no Complexo Hospital e todos seguiram para seus aposentos a fim de descansar e, após o clarear do dia, iniciar mais uma nova jornada de trabalho.

CAPÍTULO X

Aparências

— Sra. Sônia Magalhães Silva, favor comparecer à recepção - disse uma voz um pouco anasalada.

Sônia já estava havia dias no hospital com o marido, que precisou passar por uma cirurgia de emergência devido ao infarto sofrido após saber do suicídio de seu filho no presídio.

Os familiares de ambos se recusaram a ficar com Roberto no hospital, nem mesmo para que Sônia pudesse ir para casa tomar um banho e descansar. Estava há dias com a mesma roupa, sem dormir direito e exausta por tudo que estava passando, há tanto tempo, desde a morte de Maria Roberta.

— Meu Deus! É uma pancada atrás da outra! Eu não aguento mais! - disse ela se levantando de uma poltrona desconfortável no quarto onde o marido jazia em um sono profundo.

Ela caminhou até a recepção, com os cabelos desgrenhados e olhos inchados, para conversar com o médico cirurgião responsável pelo procedimento de seu esposo.

— Bom dia, doutor. Em que posso ser útil?

— Sra. Sônia? A senhora não tem ninguém para acompanhar seu marido por algumas horas, talvez? A senhora precisa tomar um banho e descansar.

— Nós já não temos mais família, doutor! Acho que até Deus nos abandonou. É uma desgraça atrás da outra.

— Senhora, não diga isso. Sei que está muito abalada, mas Deus nunca nos abandona.

— É fácil para o senhor falar! Não foi o senhor que teve sua filha assassinada pelo próprio irmão, viu o filho ir pra cadeia e ainda se matar lá dentro, não é?! Não foi o senhor que foi praticamente expulso da igreja à qual dedicou mais de 30 anos da vida, não é? Não foi o senhor que viu a pessoa que ama infartar na sua frente, não é? Foi? Diga-me! Foi?

Neste momento Sônia desabou em choro, e era visível sua exaustão.

— Desculpe-me, doutor. Eu já não aguento mais tanta dor.

O médico meneou a cabeça, pegou Sônia pela mão e

a levou até a cantina do hospital para que ela pudesse tomar um café e comer algo. Quando se sentaram, ele disse:

— Senhora, eu também passei por maus bocados nesta vida. Não a julgo pela forma que falou comigo. Não passei por nada disso, mas passei por dores difíceis também. Eu a entendo. Tome um café aqui, com calma. Vá para casa um pouco e fique tranquila, pois irei designar alguém para ficar mais atento ao seu marido. A senhora precisa urgentemente descansar, ou vai acabar colapsando e tendo que ser internada aqui também. A senhora quer que eu chame um táxi?

— Dr. Hélio, não precisa.

— Eu faço questão, dona Sônia. Deixe-me ajudá-la. Eu a chamei justamente para falar que seu marido poderá ter alta daqui a dois ou três dias, dependendo de como o coração dele se comportar. Mas, no geral, ele está bem e não apresentou nenhuma alteração no pós-operatório. Portanto, nestes dois ou três dias, a senhora pode se deitar e descansar um pouco.

— Doutor, eu não consigo dormir direito.

— Tudo bem. Vou pedir a um colega aqui que lhe receite algo para induzir o sono e relaxar também.

Por aqui, eu tomo conta do sr. Roberto.

Ele saiu e voltou alguns minutos depois com uma receita de calmante.

— Isso aqui é tarja preta, doutor?

— Não, não. É um calmante mais leve, sem contraindicações. A senhora tem que tomar logo que for se deitar, pois ele vai lhe causar muito sono e relaxar sua musculatura inteira. Então, tome um comprimido e deite-se. O resto, o calmante faz.

Sônia agradeceu com a cabeça, despediu-se do médico e foi para casa. Quando chegou, tudo lembrava seus filhos. Ela nunca sentiu tanta dor ao mesmo tempo, nem mesmo quando seus pais morreram. Ao chegar, ela olhou no aparador da sala um porta-retrato. Lá estavam Maria e dona Rosa. Alegres, sorridentes como sempre foram, e ao fundo da foto, Micaela, com um semblante de poucos amigos, já que, na verdade, tinha mesmo era inveja da ligação forte entre sua prima e a avó.

Sônia tomou um longo banho, lavou os cabelos que caíam aos montes de tanto estresse, vestiu uma roupa limpa e trocou também os lençóis, colocando outros limpos. Fechou a cortina, a porta, tomou um comprido e pensou: "Preciso apagar até amanhã".

Logo o remédio fez efeito e ela dormiu por longas dezoito horas.

Ao acordar no dia seguinte, viu no telefone uma mensagem de Léia, que dizia:

"Sônia, espero que esteja bem. Há dias chamo na sua casa e ninguém atende. Soube da morte de Fernando na cadeia. Sinto muito por isso. Eu jamais quereria que acontecesse algo assim com ele. Dona Mirtes me disse que Roberto está internado e que você está no hospital com ele. Espero que ele fique bem. E espero que você fique bem também. Apesar de tantas coisas ruins atingindo nossas famílias, eu realmente desejo o melhor para você e Roberto. Se precisar de alguma coisa, pode me ligar ou vir aqui em casa. Um grande abraço, Léia."

Sônia ficou atônita com a mensagem de Léia. Nunca imaginou que a amiga fosse até mesmo oferecer ajuda aos pais do assassino de sua filha. Ela pensava que todos haviam virado as costas para ela; mas, ao contrário, uma pessoa, a única que ela nunca esperou, estava estendendo os braços para ajudá-la.

Logo ela ligou para o advogado que defendeu Fernando no julgamento e perguntou se ele conhecia algum advogado que pudesse auxiliá-la no processo de divórcio.

— Chega! Eu vou esperar apenas Roberto ter alta e voltar para casa, mas casada com ele eu não fico mais. Fiquei mais de 20 anos aguentando suas grosserias comigo, sua falta de tato com os filhos e aquela falsa moralidade que chega a enojar!

Feito isso, ela foi até a casa de Léia para que pudessem conversar um pouco. Afinal, eram amigas desde que as meninas eram crianças. E eram muito amigas, mas Roberto não via a amizade das duas com bons olhos, pois, na visão dele, Santiago e Léia eram liberais demais e, em sua opinião, pais não deveriam ter a vida que eles tinham. pais não deveriam ter a vida que eles tinham. Ele se referia ao fato que eles deixavam Heloísa com a avó aos finais de semana para saírem e se divertirem como um casal que eram. Mas Roberto exagerava, pois eles, como um casal jovem e bonito, na flor da idade, não fugiam da responsabilidade, mas tinham todo o direito de aproveitar a vida e passear por aí só os dois. O romantismo não tinha fim, até que um dia teve.

Enquanto se arrumava para visitar Léia, Sônia ficou pensando no quanto lutou para manter um casamento aparentemente perfeito, com filhos aparentemente perfeitos, enquanto Léia e Santiago decidiram se divorciar, pelo bem deles e de Heloísa, logo quando começaram a notar as grandes diferenças de objetivos de vida. Com o tempo, viram que tinham propósitos incompatíveis e que isto não faria bem á união dos dois. Decidiram se separar, mas seguiram amigos, conversando e dividindo todas as responsabilidades com relação à Heloísa. Enquanto isso, Sônia seguiu sua vida ao lado do marido grosseiro, apenas para que não pensassem que ela era infeliz ou qualquer coisa do tipo. Neste momento, ela disse a si mesma:

— Deixei minha felicidade por último, agora estou mais infeliz que todos eles.

CAPÍTULO XI

Lar é onde nosso coração está

— Léia! - gritou Sônia no portão da casa da amiga.

Ela saiu para atender e ficou surpresa com a visita. Convidou Sônia para entrar em sua casa e tomarem café juntas.

— Eu não me atrevo a perguntar como você está, pois é visível. Você precisa de alguma ajuda, Sônia? - disse Léia servindo uma xícara de café para a amiga.

— Eu quero morrer, Léia! Morrer!

— A morte não é o fim, Sônia. Pelo menos eu não acredito mais nisso.

— O que você quer dizer?

— Fui convidada por um amigo a conhecer um Centro Espírita próximo ao local onde as meninas foram encontradas. Quando cheguei lá, muitas memórias dolorosas vieram à tona, mas, neste lugar estou encontrando o conforto que eu precisava para encarar o luto da morte de Heloísa.

— Agora você está metida com macumba?

— Sônia! Um Centro Espírita não é do mal. E macumba é um instrumento de percussão usado em religiões diferentes das nossas. Lá é um lugar maravilhoso onde se fazem trabalhos belíssimos de caridade que muitas instituições que se dizem do bem, não fazem.

Neste momento Sônia se calou um pouco sem graça, pois lembrou dos desvios financeiros na congregação que ela frequentava com a família, os quais era obrigada pelo marido a omitir. A mesma congregação que virou as costas quando ela precisou e que nunca ofereceu a mão para ajudar pobres e necessitados.

— Desculpe falar assim, Léia. Estou revoltada ainda com o que fizeram comigo e com Roberto.

— Tudo bem, minha amiga. Eu entendo. Mas, se quiser e sentir-se à vontade, está convidada. Hoje à noite terá uma reunião pública. Este meu amigo sempre me busca aqui para irmos juntos quando ele não está de plantão. E se hoje ele não estiver, você pode ir conosco. Deixo-a em casa para sua segurança.

— Ele é só seu amigo mesmo? Ou você está de caso com ele?

— E eu sou mulher de ter casos, Sônia? Hélio é um grande amigo de muitos anos. Passou por problemas sérios também. Quando soube como eu estava por causa da morte de Heloísa, foi o primeiro a me estender a mão. Não fosse ele a me ajudar a conseguir um psicólogo e um psiquiatra para um acompanhamento profissional, provavelmente eu já estaria internada em uma clínica. A minha depressão, que estava bem controlada, voltou com tudo.

— Sabe, Léia... Eu andei pensando em como desperdicei minha vida ao lado daquele homem. Se eu tivesse pedido a separação logo quando meus filhos eram crianças, ele não teria tido tempo de fazer aquela lavagem cerebral no Fernando, e nada disso teria acontecido.

— Sônia, você não pode se culpar. Fernando fez a escolha dele e se deixou levar por coisas que ele achou que eram certas. Como pode alguém usar o nome de Deus para cometer tamanha atrocidade? Ele não apenas matou, como destruiu os corpos das nossas meninas. Mas isso não é culpa sua. Nem de Roberto. Fernando é o único responsável por tudo isso. Ele escolheu resolver o que considerava ser um problema da pior forma possível. Quando entendemos que o bem não é responsabilidade de Deus, e o mal não é responsabilidade do diabo, e que nós somos os únicos responsáveis por tudo que ocorre de bom e ruim, pararemos de culpar os outros.

— Mas meu filho foi possuído!

— Ele provavelmente estava obsidiado. Possuído, creio que não.

— Por mais que você fale, Léia, não vou conseguir compreender.

— Então vamos ao Centro conosco hoje. Se você gostar, pode voltar mais vezes.

— Mas eu apareci no jornal, Léia. As pessoas sabem que eu sou mãe de um monstro. Eles vão me julgar. Eu tenho que andar de óculos escuros e lenço nos cabelos para disfarçar. Eles vão me olhar.

— Sônia, lá ninguém vai julgá-la. Eu prometo.

O dia passou e Léia e Hélio foram buscar Sônia em casa para irem ao Centro. Sônia se assustou quando viu que o amigo de Léia era o médico de Roberto.

— Dr. Hélio? O senhor é amigo de Léia?

— Pode me chamar de Hélio, dona Sônia. Aqui não sou doutor mais, apenas Hélio. E sim, somos amigos há muitos anos. Sou amigo de Santiago também, afinal, estudamos Medicina juntos.

O percurso aconteceu calmamente até o Centro. Quando chegou, Sônia sentiu que algumas pessoas a olharam diferente, mas os trabalhadores do Centro a acolheram, deram-na um abraço caloroso e a deixaram à vontade. A palestra era sobre responsabilidade e livre-arbítrio, e ali Sônia viu que seu coração ficava, aos poucos, em paz. Em vez de ser julgada, foi acolhida. Em vez de ter sua dor cerceada, foi ouvida durante o atendimento fraterno e abraçada carinhosamente. Ela sentiu como se estivesse em seu lar. Um lar de amor que ela sempre sonhou em ter desde que se casou.

Os dias foram passando, Sônia e Léia se reaproximando, e Roberto teve alta do hospital. Sônia decidiu ficar mais um tempo ao lado do marido, que não poderia sofrer fortes emoções. Mas, naquele ponto de sua vida, era difícil calar-se para o homem que estava ainda mais exigente e arrogante com ela. Foi então que decidiu não dar ouvidos aos absurdos que ele dizia.

Quando o advogado responsável foi levar os documentos do divórcio para Roberto, ele quase infartou novamente e usou o fato para tentar manipular Sônia a não se divorciar dele.

Ela já estava muito cansada de tudo aquilo e disse:

— Se você morrer, acredite, eu não vou chorar. E não adianta tentar me manipular.

— Se você se divorciar, Sônia, vai para a rua, porque esta casa é minha e eu não sairei daqui!

— Tudo bem, Roberto. Fique com sua casa construída com o dinheiro desviado da igreja! Eu tenho para onde ir e não ficarei desamparada. Prefiro ficar na rua a permanecer ao seu lado! Eu já não o aguento mais.

— E como você vai se sustentar?

— E isso é da sua conta? Só assina essa droga logo e me dê paz!

Roberto nunca tinha visto sua esposa daquele jeito. Parecia outra pessoa. E ela estava se tornando mesmo outra pessoa. Tinha declarado paz a si mesma e decidiu que ninguém mais a aprisionaria.

O divórcio ocorreu de forma pacífica, apesar dos protestos de Roberto, e Sônia foi morar temporariamente na casa de Léia, o que deixou o agora ex-marido ainda mais irado.

Léia ofereceu abrigo à amiga, até que ela se ajeitasse financeiramente. E mesmo com pouca experiência, ela conseguiu um trabalho para se reerguer após tantas tristezas simultâneas em sua vida.

Ela estava frequentando o Centro Espírita com sua amiga toda semana, participando dos estudos e fazendo o Evangelho no Lar. Participava também da Campanha do Quilo e de outras atividades que o Centro oferecia a quem quisesse trabalhar na seara de Jesus. Quanto mais ela ocupava o tempo oferecendo amor e dedicação para algo que realmente rendia grandes frutos, menos ela sentia a dor da perda dos filhos.

Ela estava em um lar de amor. Na casa de sua amiga e no Centro Espírita. E repetia para ela mesma todos os dias: "Meu coração está aqui. Lar é onde nosso coração está."

CAPÍTULO XII

O amor e o luto

Heloísa e Maria continuavam a trabalhar firmemente no Hospital, desempenhando suas funções com gratidão a todos os amigos que as acolheram. Zélia e Felício estavam felizes e satisfeitos com a presença das moças, que, mesmo bombardeadas com tantas informações, não desanimaram nem mesmo deixaram nascer a raiva e o ódio no coração diante dos fatos apresentados. Tinham consciência de que tinham, também, cometido muitos erros no passado e, assim como qualquer Espírito imperfeito e falho, deveriam arcar com as consequências de seus atos, trabalhando para se redimirem e mudarem o curso de suas vidas daquele momento em diante.

Heloísa passava muito tempo com Isabel também, que contava as histórias do romance vivido com Léia, tempo em que a homofobia era ainda mais latente que nos dias atuais. Ela gostava de ouvir as histórias da época em que as duas estudavam juntas, de quando se reencontraram após a separação de Léia e Santiago, e o que culminou com o fim dessa linda história de amor: o desencarne de Isabel.

— Bel, você escolheu desencarnar jovem também? – perguntou Heloísa curiosa e querendo mais detalhes daqueles casos.

— Sim, Helô. Eu pedi que minha jornada na Terra, pelo menos aquela vida, terminasse cedo, pois eu deveria reencontrar sua mãe para que juntas pudéssemos viver uma história, mesmo que breve, que antes não pudemos viver. Na verdade, nossa história de amor foi interrompida de forma brutal e violenta muitas e muitas vezes. Desta vez, escolhemos que eu partiria da Terra de forma menos violenta, para que ela ficasse mais tempo com você também.

— Felício me contou que Maria e eu deveríamos viver mais tempo, e que foi um grande desvio de percurso nossa morte tão precoce.

— Sim, Helô. Isso acontece, e infelizmente é muito mais comum que pensamos. Vocês duas eram jovens demais, e quando me era permitido estar um pouco mais próxima, eu acompanhei daqui o romance de vocês. Mas, mudando um pouco de assunto, sua mãe está agora frequentando um Centro Espírita com um amigo dela e de seu pai, o Hélio. E ela tem levado a

Sônia junto. Até o momento está dando muito certo.

— Tia Zélia me contou, Bel. Eu fiquei feliz. Mas, às vezes, eu acho que ela não me ama mais. Eu não sinto.

— Helô, sua mãe sempre a amou e sempre vai amar. Acontece que o processo de luto dela é diferente do de outras pessoas. Quando eu desencarnei, passado um tempo, eu também senti que ela não me amava mais, até que vi que ela pensava em mim várias vezes com amor, e não com sofrimento. Com você é a mesma coisa. Ela pensa com amor, e às vezes tendemos a confundir sofrimento com amor, e uma coisa não tem nada a ver com a outra. Ela é extremamente grata todos os dias. Depois que ela começou a frequentar o Centro, cresceu o número de jovens homossexuais rejeitados pela família ou vítimas de violência na sociedade que têm encontrado muito conforto no trabalho que ela oferece, já que agora ela é responsável pela mocidade do Centro. Tudo que ela faz é pensando em você, em dar àqueles jovens que tanto sofre, o mesmo amor e acolhimento que ela deu à você.

Neste momento, Heloísa ficou um pouco sem graça, pois não sabia nem o que responder a Isabel, mas entendeu que sua mãe não deixou de amá-la, apenas passava pelo luto de maneira diferente. Compreendeu que ela ainda não havia superado, mas que depositava amor e acolhimento numa causa que era importante para ela e isso ajudava a diminuir um pouco a dor que ela sentia. E continuaram a conversa:

— Helô, na ala infantil estamos com uma grande demanda de crianças que desencarnaram após sofrer violência sexual e física, e muitos desses Espíritos estão muito frágeis. Preciso de mais pessoas aqui dispostas a ajudar estes serezinhos tão carentes de amor e atenção. Você gostaria de nos ajudar?

— Eu queria passar mais tempo com a Maria... Ela pode vir?

— Pode, claro! Felício disse uma vez e eu repito: Aqui nenhuma boa vontade é desperdiçada.

Maria, Heloísa e Isabel passaram a dedicar muito tempo àquelas crianças. Muitas delas traziam os traumas impressos no Espírito, tudo ainda muito visível e doloroso por conta da forma que desencarnaram. As crianças são seres indefesos física, emocional e mentalmente. Naquela noite especialmente, depois de trabalharem e colocarem as crianças para dormir, elas foram assistir a uma palestra no centro de estudos, onde a expositora, Lua, abordaria justamente a responsabilidade e os cuidados com as crianças que nós, na Terra, devemos ter, mesmo que essas crianças não estejam sob nossa tutela legal. É imperioso que haja união para defendê-las da violência e proteger aquelas que não conseguem se proteger sozinhas.

— Boa noite, meus amigos. Me chamo Lua e escolhi este nome pois era meu nome em minha última encarnação. Agradeço aos amigos por me receberem aqui. Antes de falar sobre a nossa responsabilidade com as crianças, gostaria de contar um pouco sobre minha vida, que foi curta e terminou como a de muitas crianças aqui.

Ela suspirou fundo e começou a falar:

— Nasci em um lar pobre e carente, filha de mãe solo, pois meu pai era doente, o que na Terra hoje chamam de alcoolista. Eu tinha mais seis irmãos, todos homens, e era a mais nova. Passamos fome, muitas necessidades, e minha mãe por vezes precisou roubar para nos dar de comer. Ela quase nunca comia, mas roubava alimento nos mercados para dar aos filhos. Até que eu fui vendida. Sim, meus amigos, minha mãe me vendeu. Eu nasci numa época em que o tráfico de crianças era comum e, acreditem, as famílias mais abastadas eram as que mais compravam crianças, pois a fila de adoção era e ainda é nos dias de hoje muito burocrática, e com toda a razão. Eu era uma garotinha linda, segundo o casal que me comprou. Tinha apenas 2 anos de idade quando isso aconteceu. Possuía os traços de uma criança que eles queriam: branca, loira e de olhos claros. Passaram alguns anos e eu notei que sempre sentia repulsa do meu pai, que eu achava ser meu pai biológico, e também da minha mãe. Mas eu não entendia o porquê, até que desencarnei e tudo ficou claro. Eu fui vendida para um casal que não queria filhos, mas sim uma criança para abusar. Aos 8 anos, depois de uma série de abusos, meu corpo não aguentou e eu desencarnei. As pessoas que me compraram foram para a cadeia e responderam perante a justiça dos homens. A mulher que me vendeu também, pois, como dizem lá na Terra, "a corda sempre arrebenta do lado mais fraco".

Lua olhou para os presentes e percebeu que especialmente Heloísa e Maria estavam com expressão atônita, claramente não conseguindo assimilar tamanha brutalidade. Assim, continuou:

— Estou contando tudo isso, pois sei o cuidado que vocês todos têm ao lidar com as crianças que chegam aqui. Percebo como vocês dão amor, mesmo que o Espírito esteja completamente traumatizado. Também é imperioso que saibamos como lidar com estas situações e levar tal conhecimento, por meio de inspirações, às autoridades, famílias, professores e todos que precisam saber identificar os primeiros sinais de violência em uma criança, por conta de sua mudança de comportamento. Não se pode ignorar tais circunstâncias e dizer algo que eu ouvi muito, que "é coisa de criança". Não, meus queridos! Não é coisa de criança. Se ela está sendo violentada e violada, aqueles que estão mais próximos têm que proteger aquele ser que não consegue se proteger sozinho, e é exatamente este o trabalho que nós do Complexo Infantil estamos fazendo junto aos desencarnados, para auxiliá-los no reconhecimento e no auxílio a estas essas crianças. As crianças tendem a mudar radicalmente o seu comportamento quando passam por algum tipo de violência. Se antes eram alegres, começam a ficar mais recolhidas, quietas, com medo de falar qualquer coisa com qualquer pessoa; não confiam em ninguém, até que possíveis marcas podem começar a aparecer. Reações como vômito por causa de um nível alto de estresse ao estar próximo do abusador e do agressor também são muito comuns. A atitude de não querer ficar perto de alguém específico de forma recorrente, são grandes sinais de alerta, mas infelizmente muitas pessoas interpretam isso como um traço antipático da criança. E não é. Por fim, as marcas físicas - hematomas, arranhões, machucados no geral, em várias partes do corpo - e, se nada for feito, a morte. Por aqui estamos trabalhando arduamente para mudar essa realidade na Terra, pois não é mais admissível que tantas crianças passem por essa situação. Em alguns casos, os agressores responsáveis não respondam à lei dos homens como deve ser, e alguns deles saem impunes e livres para cometerem outros atos de atrocidade como estes a outras crianças. Devemos ser sinceros com nós mesmos e mostrar a realidade do que está havendo, e que nem tudo são flores.

A palestra terminou após algum tempo, e Maria e Heloísa começaram a se lembrar que, algumas vezes, enquanto estavam trocando a roupa juntas para colocar uma roupa de banho e ir à piscina, Fernando ficava olhando para elas, especialmente para Heloísa. Quando começam a ligar os pontos aos fatos, foi realmente difícil manter a compostura, mas elas entenderam que estavam também longe de Fernando e que, pelo menos ali, ele não lhes poderia causar mal.

CAPÍTULO XIII

Prisão

Muito tempo se passou e Fernando seguia sendo vítima de Luís. Ele implorava por misericórdia a fim de que seu algoz parasse com aquele *looping* de tortura. Mas, Luís gostava e se comprazia no tormento de suas vítimas. Nada e nem ninguém poderia pará-lo. Fernando estava exaurido e tinha passado muito mais tempo naquela situação do que sua irmã, que havia sido resgatada por dona Rosa. Ele não aguentava mais e pedia que alguém o ajudasse a sair dali. Quanto mais ele implorava, mais aprisionado se sentia. Então, Luís veio falar com ele:

— Você é incompetente até para pedir socorro, cara! Como pode ser assim?

— Do que você está falando?

— Você não se arrependeu de nada que fez. Não quer sair daqui de verdade. Sua energia se afina a este lugar e é aqui que você deve ficar. Você faz parte deste mundo e nenhum outro vai aceitar um monstro como você, que matou, estuprou e mutilou a própria irmã e a namoradinha dela! - Mais uma vez, soltou uma gargalhada alta e estridente que ensurdecia todos ao seu redor.

— Mas eu quero sair daqui!

— Não quer, não! Pense bem em tudo que você tem feito e pensado e veja mesmo se quer. Daqui a pouco eu volto e conversamos melhor.

Fernando então pensou muito em todas as vezes que cometeu crimes, em todas as suas vidas, e ali ele teve a certeza de que não queria sair daquele lugar grotesco. Ele gostava, se afinava e estava decidido a permanecer por lá. Quando chamou por Luís, este o soltou e disse:

— Vamos, temos muito trabalho na Terra para fazer.

— Que tipo de trabalho?

— Terminar nossa vingança.

Fernando sorriu malignamente e sabia quais pessoas ele iria obsidiar naquele momento. A começar por Micaela, sua prima, que o entregou à polícia. Depois, a própria mãe, o pai e Léia, que, segundo ele, era a pervertida mãe que criou uma filha tão sem-vergonha quanto ela. Henrique, o homem que o defendeu durante o julgamento, mas perdeu a causa, estava entre aqueles de quem ele queria se vingar. Fernando estava disposto a fazer todos pagarem pelo que, em sua visão distorcida, haviam feito com ele. Acreditava que se, não fossem todas essas pessoas, ele não teria ido para a cadeia e nem teria se matado. Era culpa de todos, menos dele.

No Hospital, Zélia conseguiu ouvir a conversa entre Fernando e Luís, o que a deixou preocupada. Ao falar com Felício, ele disse que providenciaria comunicação com Léia e Sônia através dos médiuns do Centro, para tentarem ajudar e se protegerem contra as influências de Fernando e Luís.

Naquele momento, Maria e Heloísa souberam das intenções dele, e todos começaram a trabalhar com as Autoridades Espirituais mais elevadas para uma ação compulsória, caso a situação chegasse a extremos. Como sabemos, Luís estava passando dos limites há tempos e estava a um passo de ir para uma prisão espiritual, algo muito semelhante aos presídios conhecidos na Terra.

No Umbral, eles começaram a tramar por onde iniciariam e se aproveitaram da fragilidade física de

Roberto para criar a tormenta. Influenciado, ele então começou a perseguir e ameaçar Sônia, com quem sequer falava, pois estavam há tempos separados. Cada um tinha dado seguimento a sua própria vida, mas Roberto ainda estava com raiva de todos os acontecimentos. Logo, sua vibração baixou significativamente, dando abertura para que Fernando e Luís pudessem dar início às manipulações.

Ele bebia descontroladamente, começou a deixar a casa largada de qualquer jeito, suja, bagunçada e com lixo acumulado, atraindo mais e mais obsessores para perto dele. Mandava mensagens e ligava incessantemente para Sônia perturbando-a no trabalho, ameaçando-a de morte. Não suportando mais, Sônia deu entrada no pedido de medida protetiva, denunciando-o à polícia. Roberto, mesmo com a atitude tomada por Sônia, não deixou de persegui-la, mas, algo dentro dele o impedia de fazer coisas piores e mais drásticas, mesmo com a forte influência de Fernando e Luís.

Nos momentos em que decidiam dar um pouco de paz para Roberto, iam perturbar Henrique. Ele passou a perder o foco no trabalho e deixava tudo para última hora, o que o fez falhar nas demandas de seus clientes e culminando na queda de sua clientela. Por parte desses Espíritos, a influência do álcool e das drogas era forte, então seus obsediados, mesmo que nunca tivessem bebido ou utilizado qualquer tipo de droga ilícita, passaram a sentir um desejo quase incontrolável.

Roberto colocava a culpa de sua raiva e bebedeira em Sônia. Henrique culpava o caso de Fernando, pois foi logo depois disso que as coisas não ficaram muito favoráveis para ele. Clientes importantes que recorriam ao dr. Henrique da Costa Machado, grande advogado criminalista, agora o deixavam sob o argumento de que se ele não havia conseguido vencer aquele caso, também não conseguiria vencer outros.

— Meu Deus! Que fase! Só ladeira abaixo! O que vou fazer? Estou perdendo clientes todos os dias e daqui a pouco terei que fechar o escritório.

A secretária de Henrique adentrou a porta dizendo que um colega gostaria de vê-lo. Ele permitiu e o homem entrou.

— Dr. Hélio! Quanta satisfação, meu amigo! Não o vejo há tanto tempo!

— Grande Henrique! O que houve com você, meu

brother? Está com um rosto abatido, cansado.

— Ah, cara! Maldita hora que eu peguei aquele caso do Fernando Magalhães. Aquela coisa grotesca tomou uma proporção tão grande, que estou perdendo vários clientes. Minha reputação foi destruída na mídia, você lembra, não é? Ao invés das pessoas esquecerem de mim, assim como esquecem da corrupção dos governantes, seguem se lembrando.

— Meu amigo, já o convidei mil vezes para ir à Casa de São Francisco conosco.

— Eu fico sem graça, cara! Sei que você e a Léia, a mãe da outra menina assassinada, são amigos, vejo fotos de vocês nas redes sociais. Aliás, as fotos dos três, né? Você sempre está com a Léia e também com a dona Sônia. Com que cara eu vou aparecer nesse lugar? Elas vão me fuzilar lá mesmo.

— Não vão, meu amigo. Eu posso garantir. Essas duas mulheres são muito mais doces e amáveis do que qualquer pessoa possa imaginar.

Meses se passaram e Henrique começou a ter perdas financeiras significativas, pois Luís e Fernando aderiram à sua energia quase de forma simbiótica. Ficavam próximos vinte e quatro horas, e mesmo que Henrique fosse todas as semanas ao Centro Espírita, ainda assim os dois obsessores não saíam de perto. Eles se compraziam na derrota de Henrique.

Diante de toda esta situação, medidas mais drásticas precisaram ser tomadas e Henrique foi convidado pelo dirigente do Centro a participar de uma reunião mediúnica. Uma intervenção espiritual compulsória era necessária, pois Luís e Fernando estavam prestes a destruir mais uma vida.

Durante a reunião, Luís e Fernando se manifestaram simultaneamente em dois dos médiuns presentes na mesa e deixaram claras suas intenções de arruinar não só a vida de Henrique, mas também a de Léia, Sônia, Roberto e Micaela, que, a essa altura, já estava grávida e servia de instrumento para a reencarnação de dona Sônia, avó de Fernando e Maria.

Luís foi retirado compulsoriamente de perto de Henrique, sendo levado até uma prisão espiritual onde não teria, por um bom tempo, direito de permanecer livre vagando pela Terra. Durante várias e várias reuniões com Autoridades Espirituais maiores, eles concordaram que não era possível mais que Luís permanecesse livre, uma vez que o estrago na Terra era grande, assim como no Umbral, lugar onde ele aprisionava centenas de Espíritos e praticava todo tipo de tortura contra eles.

Fernando resistiu ao resgate, mas, por fim, foi levado a um Hospital Espiritual distante do Maria de Nazaré, onde estavam sua irmã e Heloísa. Mesmo apresentando resistência, ele aceitou e entendeu que viver naquela situação só pioraria seu estado e aumentaria seus débitos. Foi uma reunião mediúnica emocionante, na qual ele pediu perdão para Léia e para a mãe, que estavam presentes, pois elas foram convocadas em caráter de emergência para doar energia e auxiliar no socorro de Fernando.

Uma parte dos problemas foi então resolvida.

Roberto parou de perseguir Sônia e decidiu voltar para o interior do Ceará, onde nasceu e passou sua infância e adolescência até ir morar em São Paulo. Ele já estava cansado da agitação da capital e desistiu de reatar o casamento com Sônia, que já estava seguindo a vida, feliz na medida do possível e longe do marido abusivo.

CAPÍTULO XIV

Uma visita muito esperada

— Aaahhh! Como isso dói, Meu Deus! - disse Micaela aos prantos, já sentindo as primeiras contrações. Estava grávida de um menino, ao qual ela deu o nome de Davi.

— Calma, meu amor! A sua médica disse que estas dores nesse estágio são normais.

— Normais? Diogo, pelo amor de Deus! Você não sabe o que eu estou passando aqui!

— Vamos fazer juntos os exercícios de respiração que a médica recomendou e eu coloco suas pernas para cima para não inchar, está bem? Segure firme aí!

Enquanto isso, no Hospital Espiritual Maria de Nazaré, Heloísa e Maria souberam que dona Rosa estava prestes a nascer, desta vez no corpo de Davi.

— Mas, Zélia! Vó Rosa vai nascer como menino?

— Sim, meu anjo. Foi assim que ela escolheu. Espírito não tem gênero nem sexo. Desta vez não sabemos o porquê, mas ela escolheu ser um menino, um homem. E antes que vocês venham com mais dúvidas, pois essas dúvidas serão sanadas na palestra de hoje, eu tenho uma notícia maravilhosa para as duas!

As moças arregalaram os olhos, já sentindo uma felicidade inundá-las. Então, Zélia completou:

— Como vocês estão se comportando muito bem, trabalhando e estudando, têm agora permissão para visitar a Terra, mas só podem ir acompanhadas de mim ou do Felício.

— Como é, tia Zélia? A gente vai poder visitar a Terra? Vamos poder ver nossas mães e nossos amigos?

— Sim! E para Maria foi concedida uma visita a mais: ela vai acompanhar o parto de Micaela e ver o milagre da vida acontecer!

As duas pularam de felicidade e comemoram tanto, que luzes coloridas eram expandidas de seus corpos espirituais. As luzes do amor e da felicidade.

E lá estavam Léia e Sônia, almoçando juntas em um domingo de sol, juntamente com Henrique e Hélio. Os quatro comemoravam que Henrique havia retomado sua vida profissional, mas desta vez resolveu atuar em outra área que não a criminal. Ele, em suas palavras, estava cansado de lidar todos os dias com tantas desgraças e queria continuar advogando, mas não neste nicho. O aniversário de 50 anos de Sônia estava próximo e, como ela iria trabalhar, decidiram fazer um almoço em um dia de folga para que pudessem celebrar.

De repente, as roseiras começaram a balançar e Léia sentiu um arrepiu percorrer todo o seu corpo. Sorrindo, disse:

— Meu pedacinho do paraíso... como é bom que você esteja aqui.

Os outros ficaram sem entender e Léia, já com os olhos marejados, rezou uma Ave-Maria, assim como rezava com Heloísa todos os dias. Helô, ali presente ao lado de sua mãe, rezou com ela. Aquele reencontro, mesmo que não visto pelos olhos físicos, era sentido no íntimo de seu coração e Léia tinha certeza que Heloísa estava ali. Sônia instantaneamente começou a chorar, pois sentiu que sua filha também estava presente. Hélio e Henrique sentiram uma forte emoção que não conseguiam descrever em palavras, era um sentimento que os inundava de paz e tranquilidade. A visita das meninas trouxe mais alegria àquele ambiente amigável, onde os reveses haviam tido um fim. Léia entendeu que Henrique era uma boa pessoa e estava fazendo o seu trabalho. Sônia começava a sentir algo por Hélio, mas ela não sabia se seria correspondida, e nem sabia ao certo que sentimento era aquele.

Na maternidade, Micaela sentia dores alucinantes. A bolsa havia se rompido e o parto seria normal, o que a aterrorizava ainda mais. Claro, uma cesariana de emergência não estava descartada, caso fosse necessária.

— Socorro, meu Deus! Eu vou morrer de dor! - ela gritava aos prantos na sala de parto.

— Vamos, meu amor. Força! Força! Vamos conseguir.

Micaela, apesar de seu gênio difícil, havia se casado com Diogo, um homem muito amoroso que a apoiava incondicionalmente em todos os momentos, fossem eles bons ou ruins.

— Diogo! Pelo amor de Deus! Me ajude! Esse menino não quer nascer!

— Ele vai! Vamos.

Maria e Heloísa estavam presentes na sala de parto junto a Zélia, e as três cercaram Micaela e irradiaram energias para auxiliá-la, torcendo para que tudo ficasse bem.

— Vamos, Micaela! Está quase! Já coroou! - disse a médica incentivando a mulher a fazer mais força.

— Eu não consigo mais empurrar! Eu não aguento mais!

— Vamos! Você consegue! Força! Empurra! - continuou a médica.

Alguns minutos depois, o lindo Davi nasceu. Um garoto forte, saudável e muito bonito. O choro dele foi ouvido ao longe. Seus pais também choravam emocionados com o nascimento do primeiro filho.

— Ah, meu amor! Ele é lindo! Obrigado, meu Deus! Obrigado! - comemorou Diogo junto à esposa.

Micaela chorava copiosamente de emoção e de alívio pelo parto tão doloroso. Ao olhar para o lado direito, ela viu nitidamente Maria Roberta em sua frente, dizendo:

— Está tudo bem, Mica! Está tudo bem! Jesus está contigo.

Neste momento a mulher chorou ainda mais, pois se lembrou de todos os momentos de rivalidade com a prima, de todos os conflitos. Ao olhar para o seu bebê, ainda coberto de placenta, viu em seus olhos algo muito familiar. Era o olhar mais doce que ela já tinha visto.

No quarto, Micaela estava amamentando seu bebê, quando ele abriu os olhos, olhou fixamente para um ponto e lá estava Maria Roberta, acenando com uma expressão de docilidade. Foi então que ela questionou:

— Tia Zélia, eu já posso reencarnar?

Zélia se assustou com a pergunta e respondeu:

— Não sei, meu anjo. Temos que ver com Felício e com outros Espíritos responsáveis pelo planejamento reencarnatório.

Elas se despediram do bebê Davi e Maria deu um beijo em sua prima, que ainda estava muito sensível e sentiu como se realmente alguém a tivesse beijado.

— Diogo, acho que estou ficando louca.

— Por que diz isso, Mica?

— Você vai acreditar se eu disser que vi a minha prima Maria Roberta na sala de parto?

— O quê? Louca não, mas delirando por causa da dor, acho que sim.

— Ela olhou para mim e estava bonita. Nunca a vi

tão bonita daquele jeito. Ela me disse que estava tudo bem e que Jesus estava comigo.

— Bom, se ela disse isso, é porque não está em um lugar ruim. Talvez sua tia consiga nos explicar.

— Minha tia? A tia Sônia? O que ela tem a ver com isso?

— Ué! Você não sabia? Há meses, já faz mais de um ano na verdade, ela tem frequentado um Centro Espírita com a mãe da outra moça, a Léia. Eu estive conversando esses dias com um amigo que frequenta esse mesmo Centro. Ele disse que as duas trabalham muito por lá e que sua tia está melhor.

— Eu não falo com tia Sônia desde o velório de Maria. Você acha que eu devo fazer uma visita?

— Não sei, Mica. Talvez deva. Talvez a aparição de Maria, e vocês nem eram próximas, seja um sinal de que está na hora de retomar alguns laços.

— Eu fico sem jeito: Maria e eu nunca nos demos bem.

— Não, mas talvez este seja o momento. Mas, por enquanto, vamos focar no nosso menino.

— Sim. Depois eu penso no assunto com calma.

— Maria Roberta! Bem-vinda! Como é bom vê-la por aqui! - disse Joaquim, o responsável pelo planejamento reencarnatório.

— Bom dia, sr. Joaquim? Como vai?

— Estou bem. Melhor agora. Felício me informou que você gostaria de conversar comigo. Em que posso ser útil?

— Sr. Joaquim, eu quero reencarnar... mas não sei como fazer.

— Bem, Maria... sua principal função será vincular-se ao corpo. Nós vamos trabalhar juntos. Você, eu e o Espírito que for designado como seu Mentor. Este ficará à sua escolha, desde que seja um Espírito capaz de guia-la e intui-la a bons caminhos e boas decisões. Sendo mais sábio e experiente nas questões terrenas, ele irá orientá-la.

— E quando começamos todo esse plano?

— Primeiro, vamos conversar. Quero conversar a sós com Zélia, Felício, Isabel, Regiane e todos aqueles com quem você trabalhou. Vamos fazer uma avaliação das suas condições gerais e saber se você está em condições de reencarnar, ou se seria mais prudente esperar um pouco mais.

— Tudo bem. Eu espero. Quando tiver a resposta dessa avaliação, nós conversamos melhor.

— Que bom que você está disposta a esperar, Maria. Alguns ficam tão ansiosos que não conseguem.

— Sr. Joaquim, uma última pergunta. Heloísa poderá reencarnar comigo?

— Isso teremos que ver com ela, se ela deseja reencarnar agora e se também tem condições. A parte do planejamento é a mais complexa, pois teríamos de montar todo um cronograma para que as duas se encontrem em algum ponto da vida.

— Tudo bem... nos falamos depois. Obrigada por tudo, sr. Joaquim, e até logo.

— Até logo, Maria.

Despediram-se e Maria foi direto conversar com Heloísa.

— Helô, acho que existe possibilidade de ficarmos próximas. Você quer?

— Má... eu não sei se quero reencarnar agora. Eu gosto aqui do Hospital, gosto de trabalhar aqui. Acho que quero ficar mais um pouco.

— Mas, Helô... - Maria ficou relativamente decepcionada com a resposta de Heloísa e não sabia como agir ou o que falar.

— Má, preste atenção! O que mais aprendemos aqui, desde que chegamos, é que em um momento ou outro, vamos nos reencontrar e passar muitos momentos bons juntas. E eu disse que não sei se quero, não dei uma resposta definitiva a você. Eu posso e quero pensar mais um tempo. Tudo bem?

— Tudo bem... não tem outro jeito, não é?

— Jeito tem para tudo nessa vida, Maria Roberta. Para tudo!

As semanas foram passando e cada uma seguiu com seu trabalho no Complexo Hospitalar. Até que Joaquim chamou Maria e Heloísa para conversarem. Maria estranhou no início, mas logo entendeu o motivo.

— Senhoritas, bem-vindas mais uma vez! - Joaquim recebeu as duas moças, sorridente como sempre.

— Olá, Joca! - disse Helô, dando um risinho.

— Sempre engraçadinha, dona Heloísa. Sempre engraçadinha!

— Moças, chamei-as aqui hoje para darmos início ao planejamento reencarnatório de vocês!

Maria se espantou e olhou para Heloísa, que respondeu acenando a cabeça positivamente e dando um sorriso a Maria. As duas se abraçaram com força e, mais uma vez, aquelas luzes coloridas irradiaram das duas, causando uma explosão de cores no ambiente todo branco.

— Maria, a Heloísa me contou, e, depois de pensar, ela veio conversar comigo a sós. Depois de horas e horas de conversa, ela decidiu reencarnar na mesma época que você.

Daquele ponto em diante, foram dezenas de reuniões com Joaquim e vários outros Espíritos responsáveis pelo planejamento reencarnatório.

Este processo exige muito tempo, pois vários são os detalhes a serem planejados com todo o cuidado para que o Espírito possa ter uma experiência proveitosa durante sua jornada encarnado. Não é correto pensar que reencarnar é um processo completamente aleatório no que diz respeito ao Espírito, família e demais pessoas com quem irá se conviver. Mesmo em casos de reencarnação compulsória, existe todo um planejamento cuidadoso, e ainda mais detalhado, para escolher a dedo a família que mais se afina com as energias e as necessidades de cada um.

Mais algumas semanas de planejamento se passaram e assim ficou decidido:

— Heloísa, você irá encarnar como filha de Jade, uma moça que está se relacionando com um rapaz, Thiago. Porém, é um relacionamento bastante conturbado, em que não existem mais possibilidades de crescimento e expansão. Jade tem frequentado o Centro Espírita onde sua mãe, Léia, trabalha na coordenação. Portanto, vocês estarão bem próximas, acredite.

— Maria, você irá encarnar como filha de Elisa. Ela, porém, tem algumas questões a serem resolvidas e irá abandoná-la logo ao nascer.

— Abandonar? Meu Deus! Não vou ter uma mãe?

- Terá. As duas terão. Não se preocupem. Este é apenas um dos processos do planejamento. Existem dezenas de outros detalhes a serem resolvidos antes. Podem ficar despreocupadas.

CAPÍTULO XV

Matrimônio

— Tia Sônia! – gritou Micaela na porta de sua casa. A tia veio logo atender:

— Micaela? Você por aqui?

— Sim, tia. Queria conversar com a senhora.

— Pode entrar, Mica. E este bebê lindo?

— É meu filho, Davi.

— Que garotinho mais lindo! Ele já tem quanto tempo?

— Está quase completando 1 ano, tia.

— Venha, Mica. Entre. Vamos conversar.

Micaela entrou, sentou-se no sofá e ela e a tia começaram a conversar. Micaela pediu perdão por não ter ido visitá-la logo após a morte de Maria e por ter abandonado a tia. O mais incrível é que as duas se acertaram e Sônia comentou como Micaela estava diferente, mais madura, e havia se tornado uma pessoa melhor. Micaela contou sobre ter visto Maria no hospital no dia do parto e sobre tudo que aconteceu depois. Sônia contou que se divorciou de Roberto que ele havia voltado para a cidade onde nasceu, no Ceará. Contou ainda que havia se apaixonado novamente e que estava prestes a se casar.

Sônia havia deixado para trás todo o conservadorismo que havia limitado sua vida durante décadas e decidiu ser feliz, mesmo que sua felicidade incomodasse e ofendesse outras pessoas. Sua felicidade primeiro; os outros eram os outros.

— Você está convidada, Mica. Venha você, seu marido e seu bebê! Serão muito bem-vindos.

— Onde vai ser, tia?

— Na casa de Léia. Lá tem um espaço externo grande, um jardim muito bonito e será uma cerimônia simples, com a prece do dirigente do Centro que frequentamos. E o mais legal é que será um casamento duplo! Léia se casará com Henrique, e eu, com Hélio.

— Tia? A Léia vai casar com o cara que defendeu o Fernando?

— Minha querida, a história é muito mais longa do que você possa imaginar...

E ali passaram toda a tarde conversando sobre

todos os assuntos possíveis.

— Vamos, Sônia! Nossos noivos estão esperando! Estamos atrasadas!

— Espere, Léia! Me ajude a fechar o vestido!

— Ah, mulher! Mas também não sei de onde tirou a ideia de se casar com esse vestido justo!

— Meu amor, eu estou maravilhosa! Desde que voltei para a academia, eu me sinto mulherão incrível! E hoje é meu dia! Aliás, nosso dia, né? Mereço!

Logo surgiram as noivas: Léia e Sônia. As duas escolheram ir juntas até o pequeno altar decorado com girassóis e margaridas colhidos do jardim de Léia. Poucos convidados estavam presentes, pois elas optaram por fazer uma cerimônia reservada apenas para familiares e poucos amigos, somente os mais próximos.

Léia usava um vestido longo de um tecido leve e esvoaçante de cor lilás, com os cabelos levemente presos em um coque. Sônia, por sua vez, estava toda orgulhosa de seu corpo esculpido na academia, e havia escolhido um vestido longo, de cor *nude* em detalhes dourados, com os cabelos cacheados soltos. Cada uma carregava um pequeno buquê com suas flores favoritas nas mãos. Girassóis para Léia e margaridas para Sônia.

Seus respectivos noivos estavam boquiabertos, tamanha a beleza e a plenitude de suas futuras esposas.

Muitos foram contra os casamentos. Léia estava se casando com o homem que defendeu o assassino de sua filha, e quase ninguém quis entender que ele estava fazendo o trabalho dele, e que nada era pessoal. E quase ninguém presenciou as dificuldades que ele passou depois. Também não viram sua mudança de carreira e de comportamento até que eles se apaixonassem.

Sônia estava casando-se pela segunda vez, depois de perder os dois filhos e com um homem 12 anos mais jovem que ela. A sociedade julgava impossível que um médico bem-sucedido e bonito como Hélio tivesse se apaixonado por uma velha, como costumavam dizer os que sentiam inveja daquele relacionamento saudável.

A cerimônia civil prosseguiu como de costume, as testemunhas escolhidas assinaram e os noivos também. Houve a tradicional troca de alianças e um beijo apaixonado. Ao fim, o sr. Herbert Caldeira, dirigente do Centro Espírita que elas frequentavam, fez uma pequena prece e disse algumas poucas palavras:

— Bom dia, meus amigos! Bom dia aos noivos. Que interessante um casamento duplo, não é? As noivas são e estão lindas, com todo o respeito! E que lindo dia de sol para se casar. Queridos, eu poderia ter trazido um discurso ou algo ensaiado e escrito para ler, mas não faz meu gênero. Prefiro deixar que a espontaneidade e a inspiração dos nossos amigos nos digam o que precisa ser dito. Léia e Sônia. Duas mães amáveis, que de tudo fizeram por suas crias, mas, infelizmente, a vida as deixou sem os filhos. Mesmo assim, mesmo diante de tanta dor e sofrimento, optaram por refazer a vida, em vez de estacionar no luto e no desespero. Minhas queridas, hoje amigas, companheiras de trabalho na seara de Jesus, tudo que desejo de todo o meu coração é que consigam continuar construindo seus relacionamentos pautados no amor incondicional que habita em todos nós e que vem da Fonte Suprema e Inesgotável que é Deus, também na lealdade, no diálogo, na honestidade e que seus alicerces sejam firmes, e continuem firmes, para que o lar de vocês balance o menos possível, não sendo capaz de cair nas tempestades da vida.

E voltando-se aos noivos, continuou dizendo: — Hélio e Henrique, dois grandes homens de muito valor que tive o prazer de conhecer e hoje são nossos companheiros também no trabalho à Espiritualidade e a Jesus. Meus queridos, cuidem bem destas duas, pois elas são bem teimosas, como podem reparar. Tenham paciência. - Neste momento, todos riram e Herbert continuou: - Que seus lares sejam repletos de amor, de paz, de luz, e que vocês quatro continuem mantendo essa belíssima amizade, honrando a memória de seus filhos. Que nossos Amigos de Luz os guiem sempre na sabedoria, discernimento e verdade. Que nosso Mestre Jesus os abençoe, proteja, ilumine e guarde, hoje e sempre. Que assim seja!

CAPÍTULO XVII

Renascimento

— Léia! Corre aqui! Rápido! - gritou Sônia na porta do Centro.

— Que foi, mulher! Meu Deus! O que é isso? - disse Léia assustada, olhando para uma caixa de papelão bem à sua frente.

— É um bebê, Léia. Abandonaram um bebê aqui!

— É uma menina ou um menino?

— Não sei! Mas temos que acionar a polícia agora e o conselho tutelar!

Elas acionaram as autoridades, foram à delegacia prestar depoimento e tudo que a polícia encontrou foram algumas imagens borradas e embaçadas de uma câmera no exterior do Centro, que não conseguiu focar ou identificar quem havia abandonado aquela criança.

— Senhoras, o médico a examinou e disse que ela está bem. Ela tem uma marca de nascença grande e proeminente do meio da cabeça até a nuca. É uma menina muito bonita, saudável e sem sinais aparentes de violência ou desnutrição.

Léia sentiu um arrepio percorrer todo o seu corpo quando o delegado falou sobre a marca de nascença, mas não disse mais nada, guardando essa informação.

— Helô, você já está pronta?

— Sim, tia Zélia. Estou.

Heloísa se despediu de todos. O planejamento previa que ela nasceria um tempo depois de Maria. Todos no Complexo ficaram felizes com a evolução das moças e com tudo que haviam aprendido no tempo que ali ficaram trabalhando. Isabel, especialmente, estava orgulhosa e disse:

— Diga a sua mãe que mandei um beijo.

Todos se abraçaram e se despediram carinhosamente. Heloísa já estava pronta para começar sua vinculação com o corpo em que iria encarnar.

— Ai, Léia! Não aguento mais o Thiago! Ele não para de beber, não para de se drogar! E eu aqui, grávida.

— Jade, várias vezes tivemos esta mesma conversa,

você se lembra?

— Sim, Léia! Mas eu achei que ele fosse mudar.

Sônia interveio na conversa.

— Eu também achei que meu ex-marido fosse mudar, Jade. Mas ele só piorou. Me batia às vezes, gritava comigo e me chamava de todos os nomes ruins possíveis. Com nossos filhos não era diferente.

— Então o que eu faço?

— Termine com ele e vá para o abrigo de mulheres.

— Sem trabalho?

— Trabalho a gente arruma um jeito de você conseguir, nem que seja como *freelancer,* pelo menos por enquanto, para você segurar a barra.

— Léia, eu estou saindo para visitar a pequenina no abrigo, tá? Não demoro.

— Sônia, Sônia... não se apegue a essa garota. Você não sabe se vai conseguir adotá-la.

— Não sei, mas vamos tentar. Eu adoraria ser mãe novamente, mas meu corpo já não me permite. Hélio sonha em ser pai; então vamos tentar adotar, já que não podemos por vias naturais. Volto mais tarde.

Léia permaneceu conversando com Jade, tentando convencê-la de que terminar o relacionamento conturbado era melhor, pois ela estava grávida e corria o risco de sofrer uma agressão física do namorado.

Fazia pouco tempo que Jade frequentava o Centro. Tinha apenas 18 anos e seus pais e haviam expulsado de cada por conta da gravidez precoce e antes do casamento. Léia a acolheu como pôde, mas ela vivia com o namorado Thiago, que era problemático e se envolvia recorrentemente em confusões e brigas pelas ruas.

— Eu tenho medo de terminar e ser pior, Léia!

— Minha querida, se você continuar, acredite, vai ser pior. Ele não quer mudar. Quando a pessoa quer e se esforça, dá para acreditar que a mudança virá. Quando a pessoa não quer e não se esforça, não adianta você querer, porque não vai acontecer.

O telefone de Jade tocou:

— Ô, mulher! Onde você está? Está metida com esse povo de novo? Vem para casa logo porque eu estou cheio de fome e não tem nada nessa porcaria pra comer! Ande logo, se não eu vou aí e busco você na base do tapa! - Desligou.

Léia olhou com olhar de reprovação para Jade, pois sabia que aquilo não acabaria nada bem.

— Bem-vinda ao seu novo lar, pequena Alice. Como você é linda, minha filha - disse Hélio orgulhoso da filha, a menina que havia sido abandonada na porta do Centro Espírita.

O processo de adoção transcorreu de forma tranquila e até rápida, como se a ida daquele menina para a casa de Sônia e Hélio fosse necessária.

— Meu amor, nossa filha é linda, não é?

— Nossa filha... como é bom ouvir isso! Nossa filha!

— Eu tinha certeza que ela viria com a gente, mas não imaginava que fosse rápido assim.

— É Deus, meu amor. Ele nos ajudou.

Alice foi recepcionada com festa em sua nova casa. Estavam presentes Léia, Henrique e Jade, que tinha acabado de dar à luz a um lindo garoto ao qual deu o nome de Gabriel. Micaela também estava lá com Diogo e o pequeno Davi, pois queria apresentá-lo a sua nova prima.

— É o nome do Arcanjo que anunciou a vinda de Jesus ao mundo, tia Sônia. E ele anunciou que eu seria feliz, e estaria bem longe do pai dele! - disse Jade beijando o filho.

— O que aconteceu com Thiago, Jade? - questionou Sônia.

— Ah, tia... ele está foragido da justiça. Ninguém tem notícias dele... e eu não faço a menor questão de saber onde ele está. A melhor coisa que me aconteceu, desde o nascimento de Gabriel, foi esse embuste ter sumido das nossas vidas. Ele nunca se importou nem comigo e nem com o filho. Tia Léia praticamente nos adotou e agora eu e meu anjinho moramos na casinha dos fundos da casa dela. Consegui um bom trabalho e agora as coisas vão andar nos trilhos, eu espero.

— Sim, e a senhorita agora tome juízo para não se envolver mais com um homem que possa lhe fazer o mal que Thiago fez. Ele quase a matou de tanto bater - advertiu Léia.

— Tia, agora para eu namorar de novo, tem que ser um homem muito bom. Eu não vou aceitar mais isso.

— Sônia, por favor, venha até a cozinha. Preciso conversar com você - disse Léia um pouco séria.

— Claro, já estou indo.

— O que foi, mulher? Falando assim você me assusta.

— Sônia, você reparou que Gabriel e Alice têm as mesmas marcas de nascença?

— Alice, tem. No Gabriel não reparei. Mas por que diz isso?

— Você não reparou que essas marcas são nos locais exatos onde as nossas meninas tomaram os golpes que lhes tiraram a vida?

— Léia... você está dizendo que Alice e Gabriel podem ser a reencarnação de Maria e Helô?

— Eu não duvido, Sônia. Não é impossível. Só nunca vamos saber quem é quem, se for verdade mesmo.

— Eu prefiro nem saber a verdade, honestamente.

— Eu também não.

Com a maturidade, o tempo e a aceitação de que a vida não se finda com a morte do corpo físico, as mães entenderam que, mesmo que Gabriel e Alice fossem a reencarnação de Heloísa e Maria Roberta, não importava naquele momento. Hélio e Sônia estavam exalando felicidade por terem conseguido a adoção.

Léia e Henrique estavam felizes também, pois acolheram Jade, que precisava muito de amor, atenção e um lar para seu filho. Ganharam uma filha muito amorosa e prestativa, e um neto de brinde. Henrique brincava que era muito jovem para ser avô, mas que considerava Gabriel como um filho, um neto que ele amaria e protegeria tanto quanto fosse possível.

Os laços estavam refeitos para a nova jornada daquelas duas moças que sofreram tanto em suas encarnações anteriores e, logo após o desencarne, enquanto ficaram no Umbral.

Seus Espíritos tiveram tempo suficiente para aprender, estudar e trabalhar a paciência, a aceitação, o perdão e o amor incondicional. Elas estavam ligadas às pessoas que elas já amavam e outras que aprenderiam a amar. Cada um naquela nova família em formação, nada tradicional por sinal, tinha uma função, um papel a ser exercido, muito amor para doar e boa vontade em receber e acolher.

Luís continuava preso em uma prisão espiritual, pois não existiam condições de se planejar uma nova jornada para ele. Talvez daqui a algumas dezenas ou centenas de anos, caso ele mude ao menos um pouco.

Fernando, por sua vez, foi transferido para o Hospital Maria de Nazaré. Era visível a sua mudança de comportamento e estava com a aparência muito saudável. Ele decidiu que queria ficar bastante tempo por lá, trabalhando com Zélia, Felício, Regiane, Isabel, Bruno e todos os outros companheiros que receberam sua irmã.

E a vida... ah, meus amigos... a vida sempre continua.

VOCÊ PRECISA CONHECER

O FLORESCER DO AMOR

Geane Lanes
pelo Espírito Agnel

Romance • 16x23 cm • 240 pp

Criado dentro dos preceitos da religião judaica, Daniel aprendeu a valorizar os valores morais e o respeito ao próximo. Entretanto, ainda tinha dificuldade em lidar com o sofrimento e a perda daqueles que amava, deixando que a tristeza e o desespero abalassem sua fé em Deus e em Seus desígnios. Embora sempre amparado por seu irmão e fiel companheiro Isaac, ele deixou que o amor possessivo de seu pai e o amor não correspondido da mulher por quem sempre foi apaixonado o envolvessem em uma espiral de amargura e ceticismo, não percebendo a atuação constante de seus protetores espirituais.

ISBN: 9786588535714

UMA VEZ MAIS: O VERDADEIRO AMOR ESPERA

Keity Jeruska
pelo Espírito Ramis

Romance • 16x23 cm • 200 pp

A história de um casal envolvido em profundos laços de amor que, por diversas vezes, dividiu o mesmo espaço e o mesmo tempo, sem conseguir caminhar juntos. Os desafios vivenciados pelos personagens, nas três reencarnações narradas no livro, elucidam a necessidade da perseverança, do autoconhecimento, da humildade e da fé inabalável em Deus e na Espiritualidade Maior que tudo sabem, mas a nada nos obrigam, para que possamos evoluir ao lado daqueles que amamos, dividindo com eles, por meio da humildade, do perdão e da persistência, os nossos aprendizados.

ISBN: 9786588535691